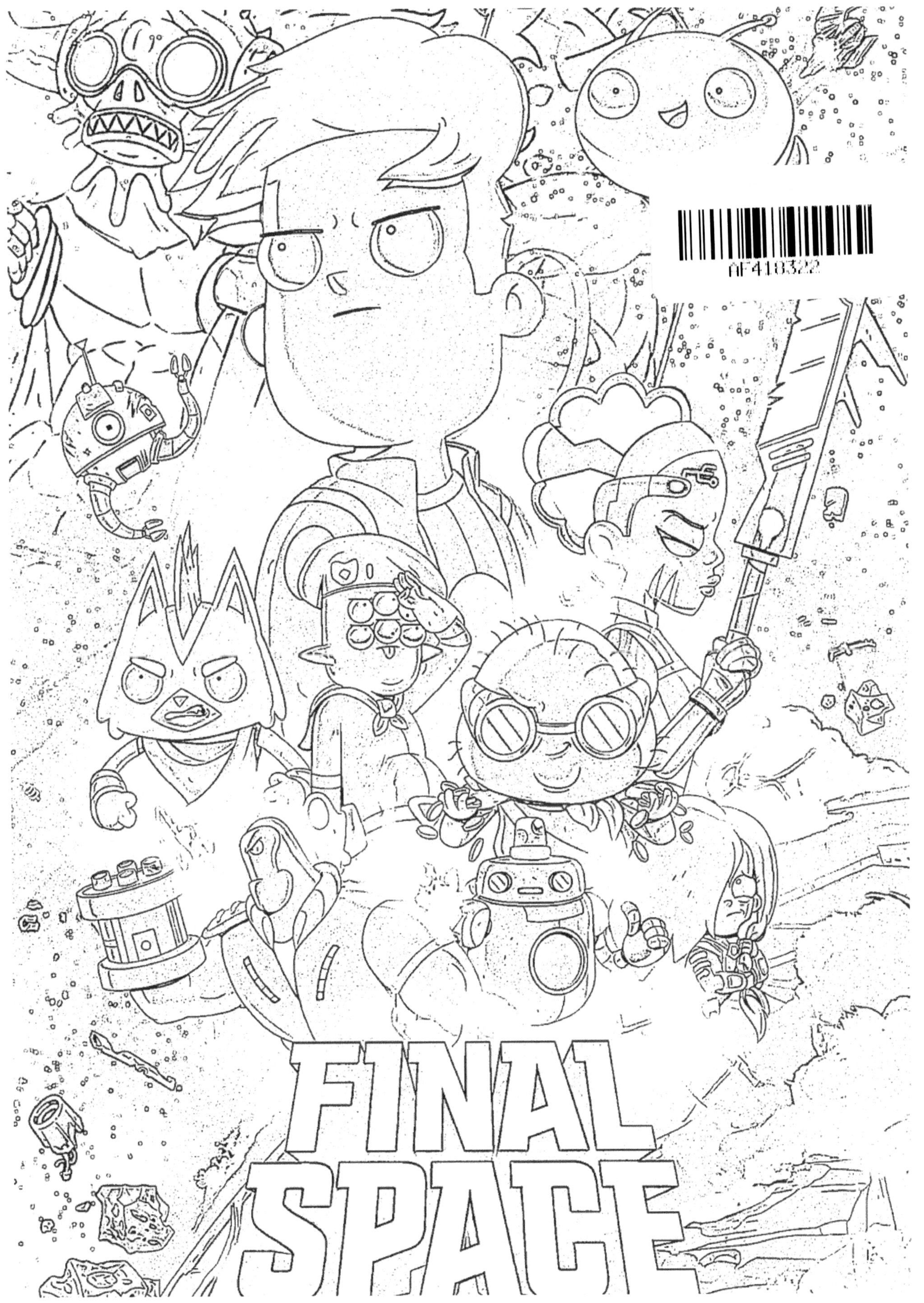

nF418322
FINAL
SPACE

Pagina di prova del colore

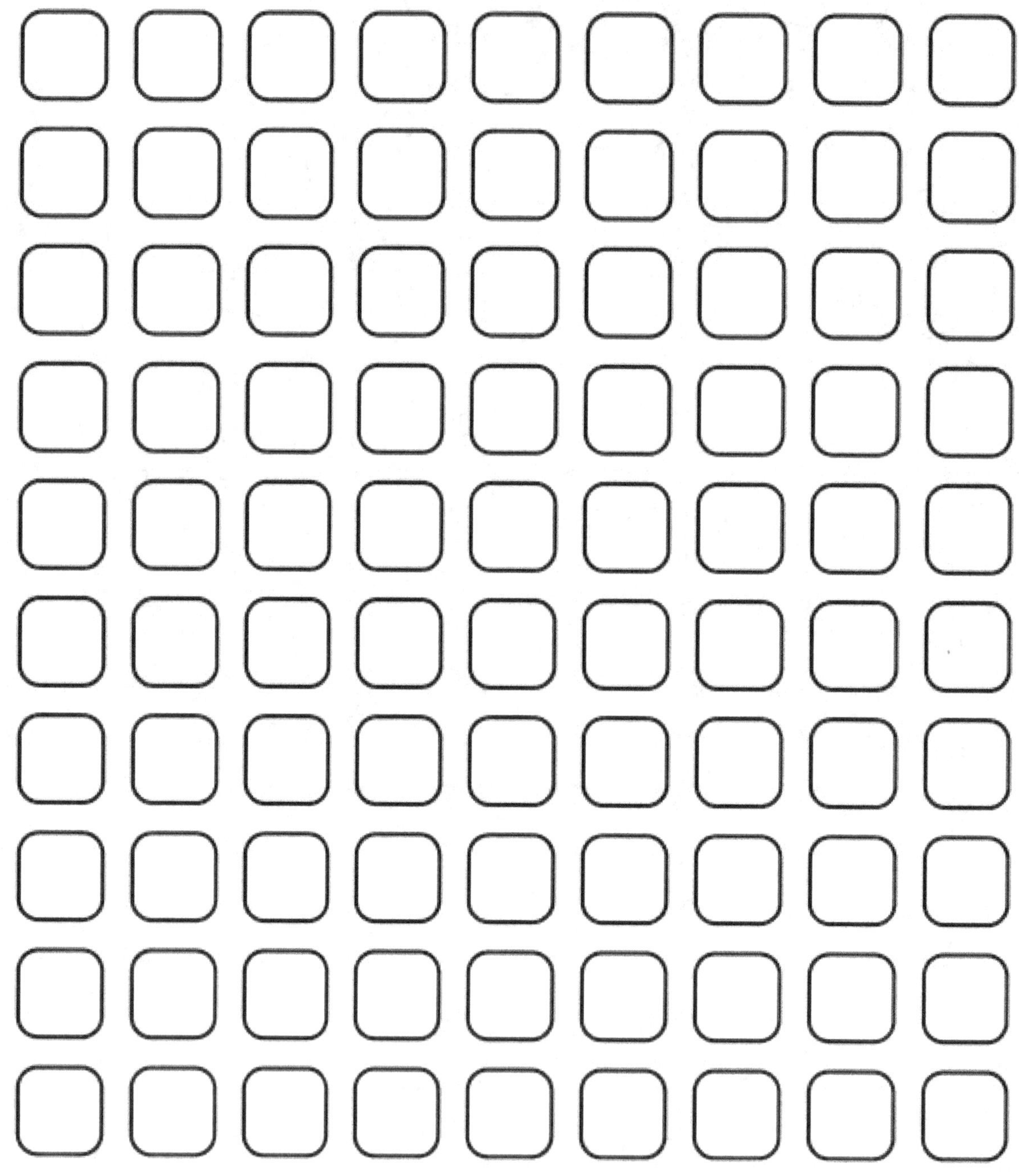

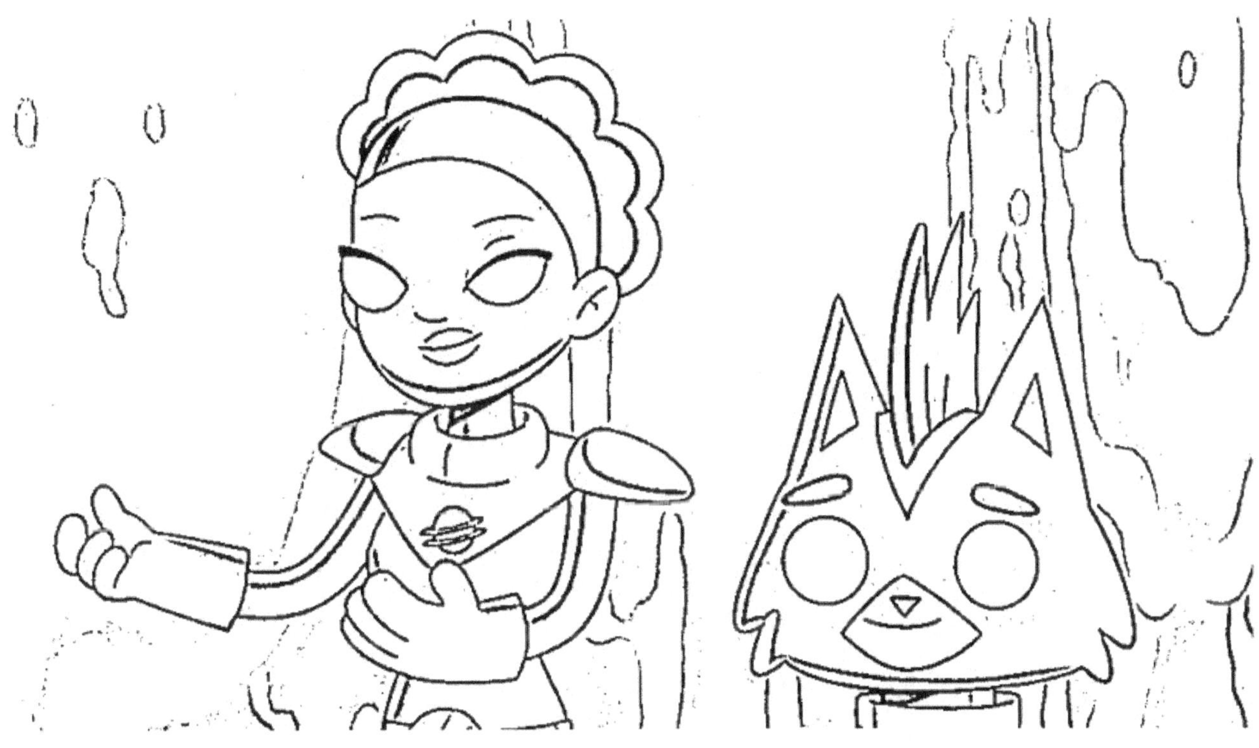

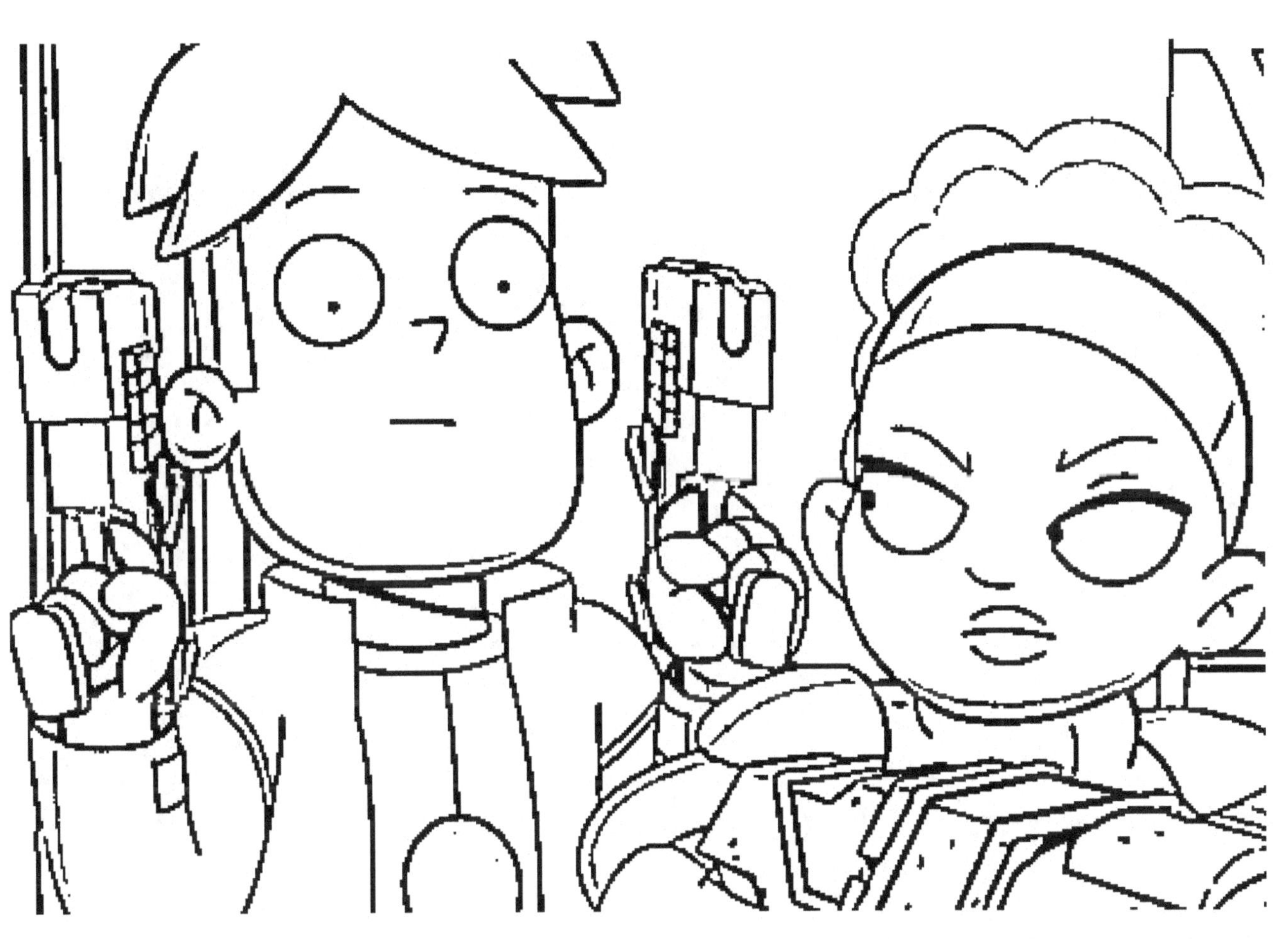

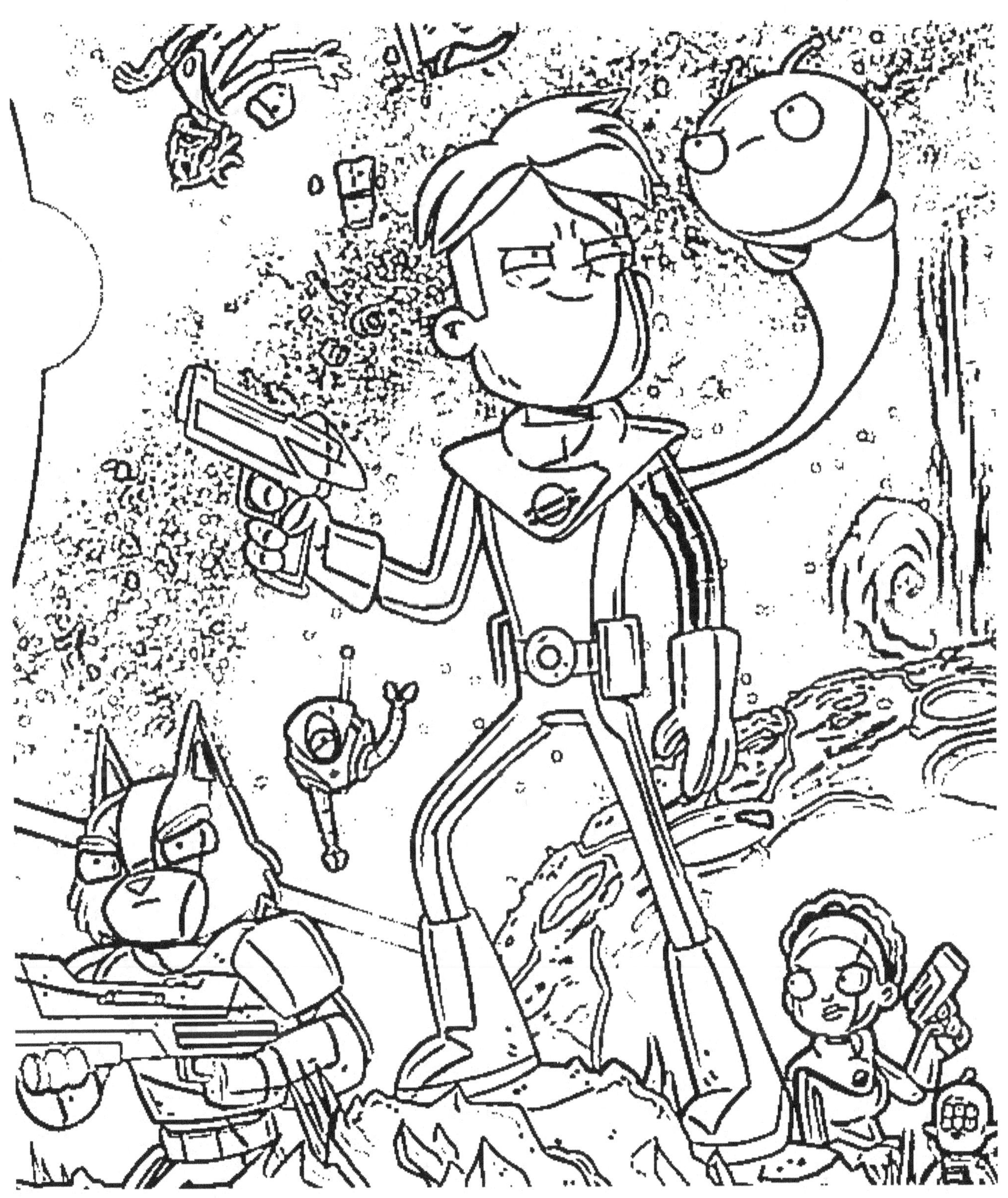

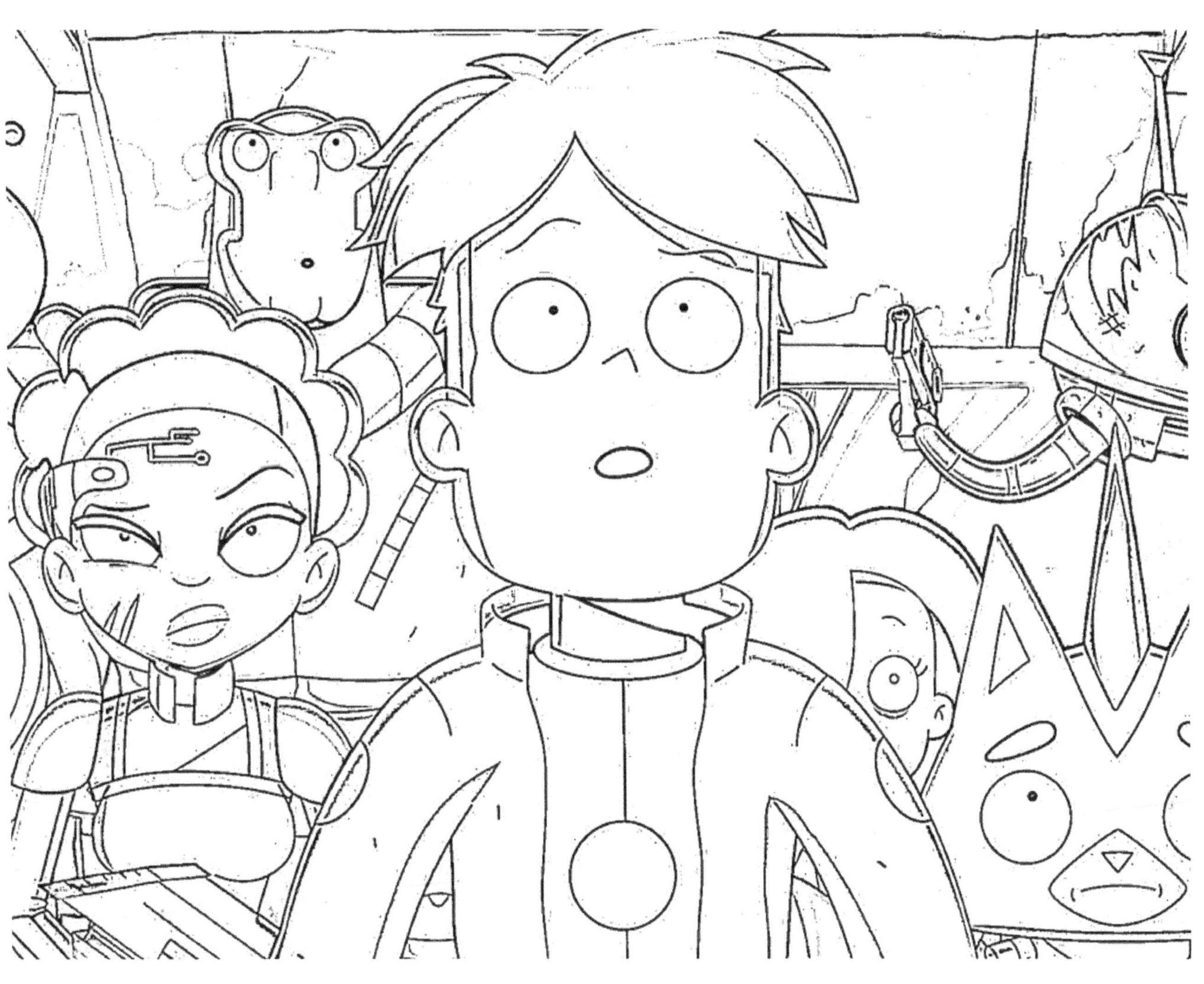

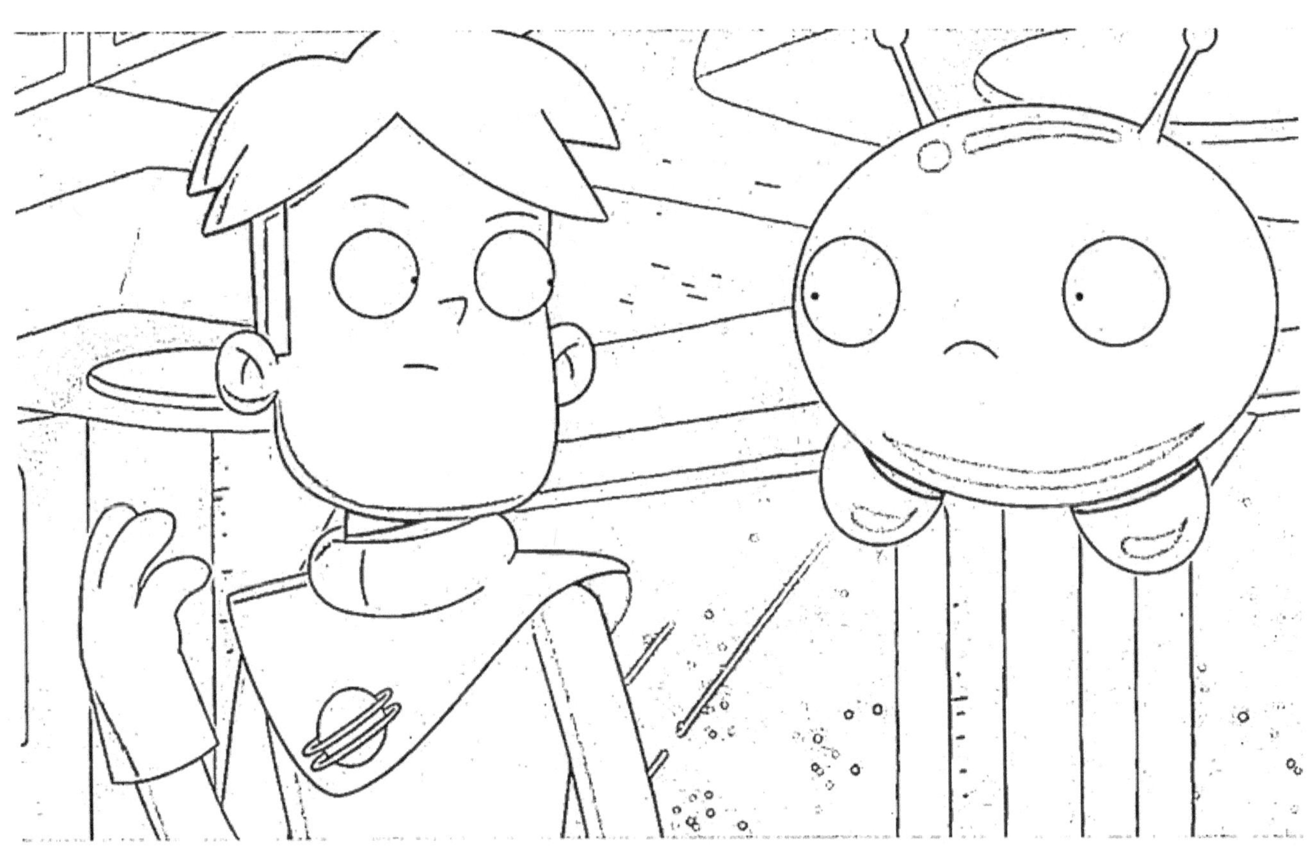

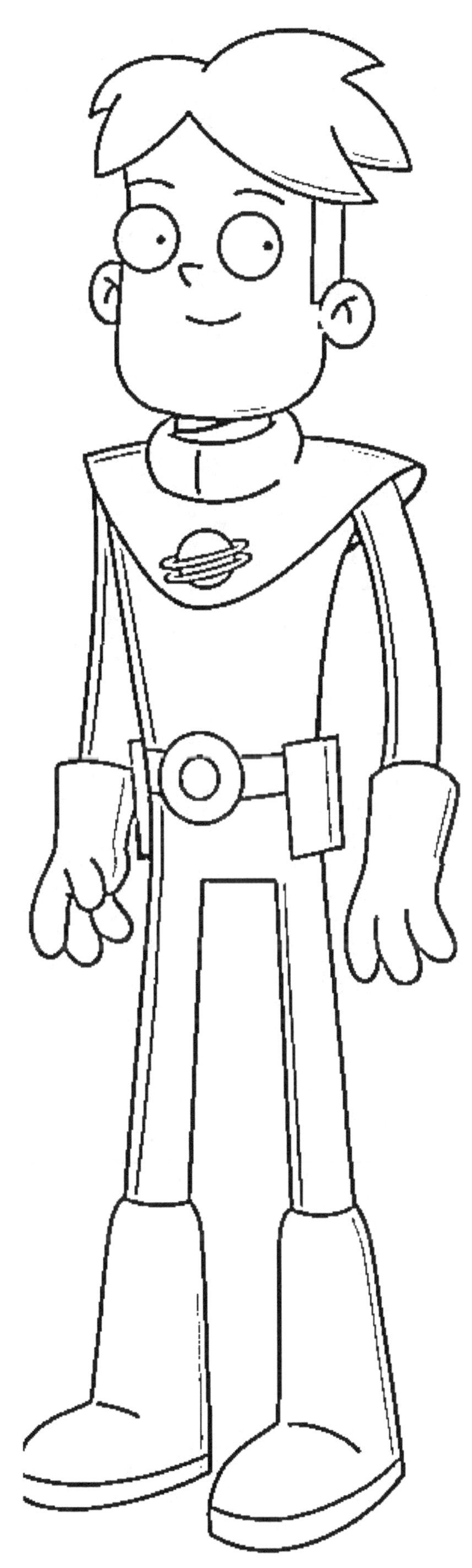

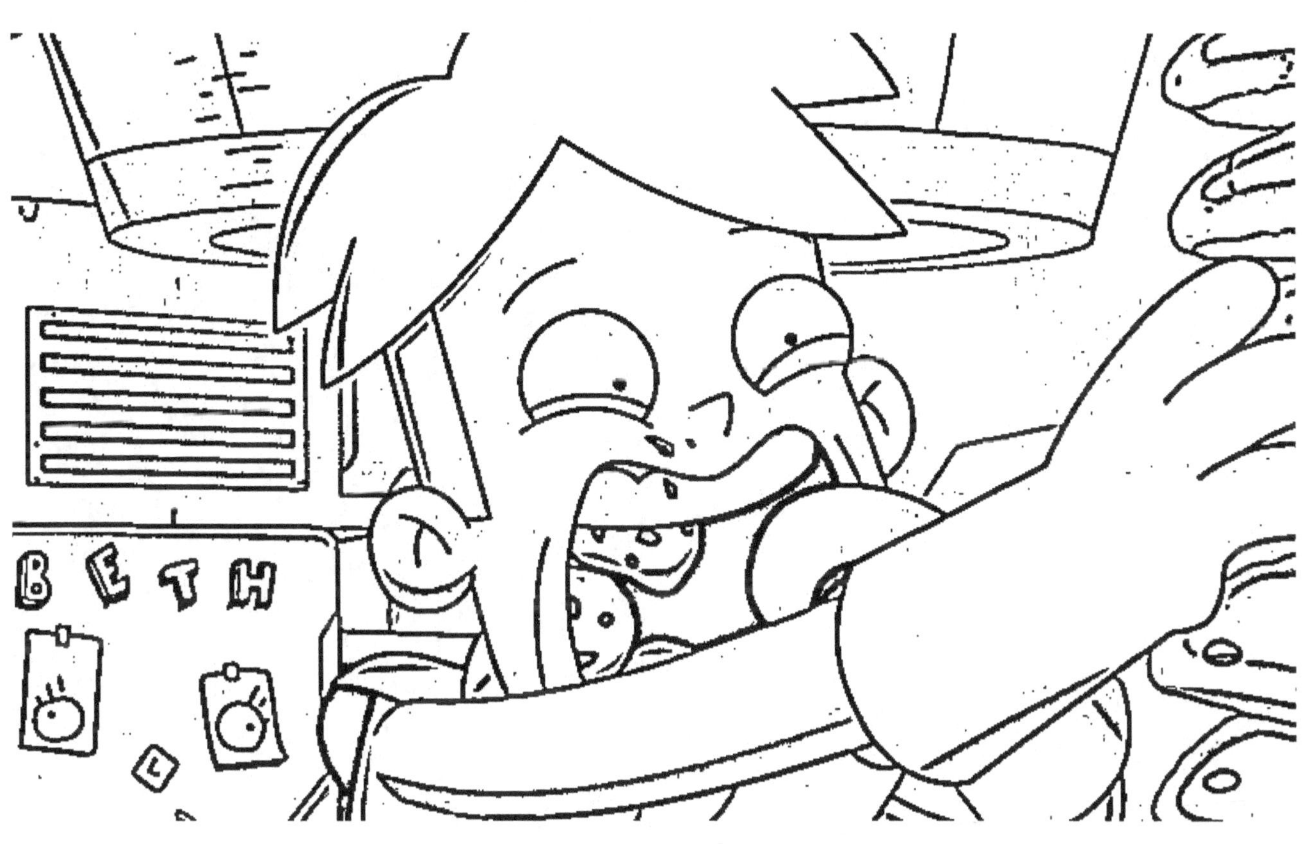
BETH

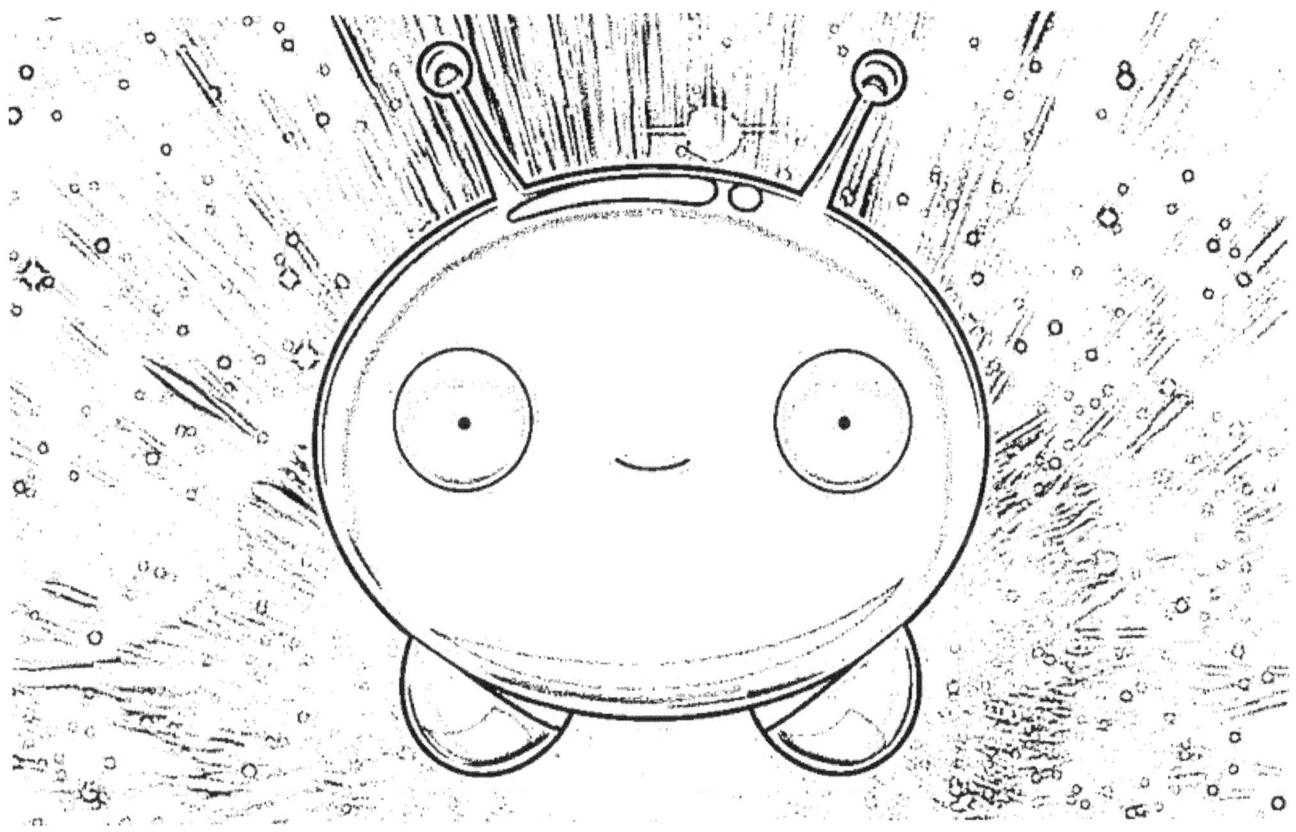

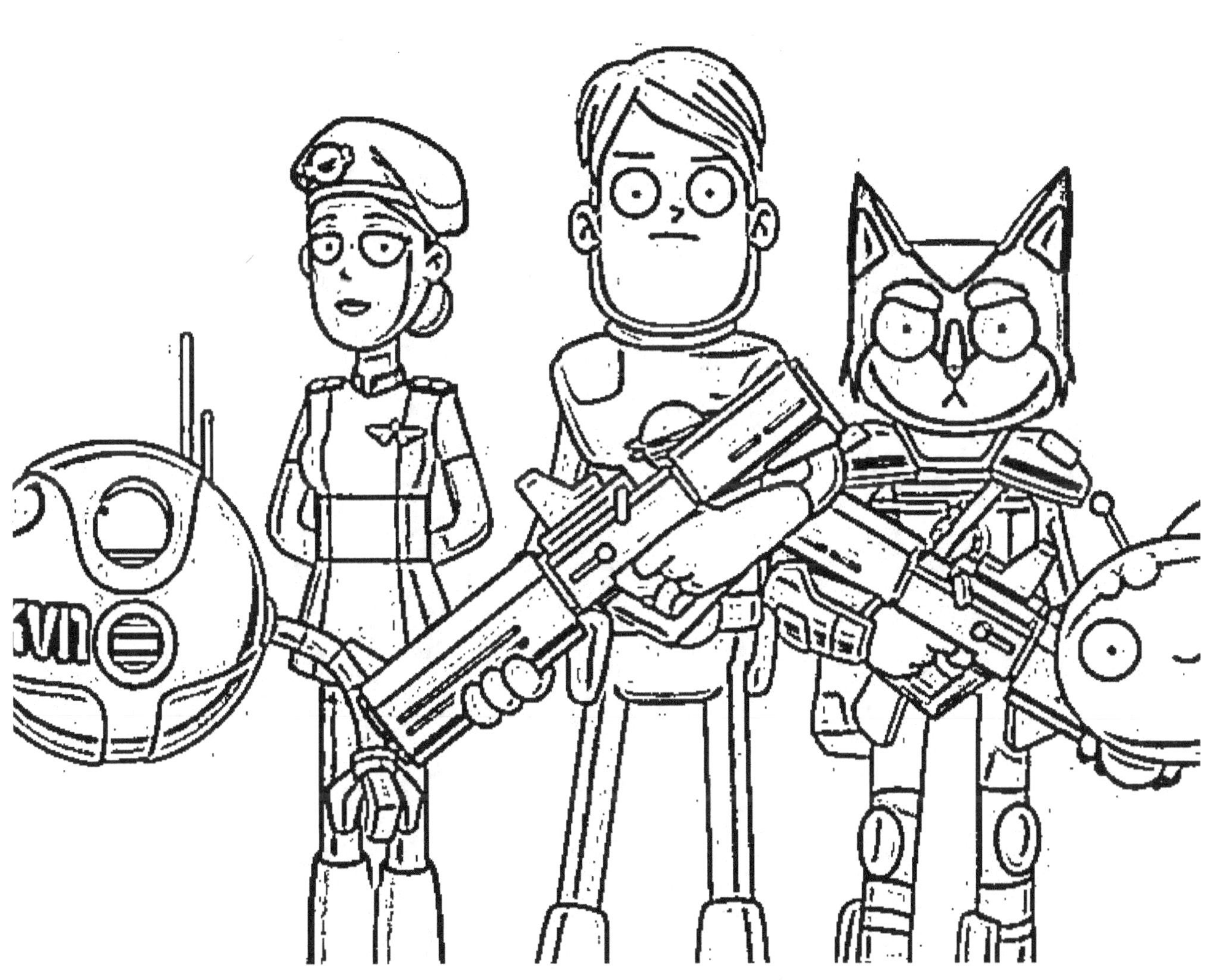

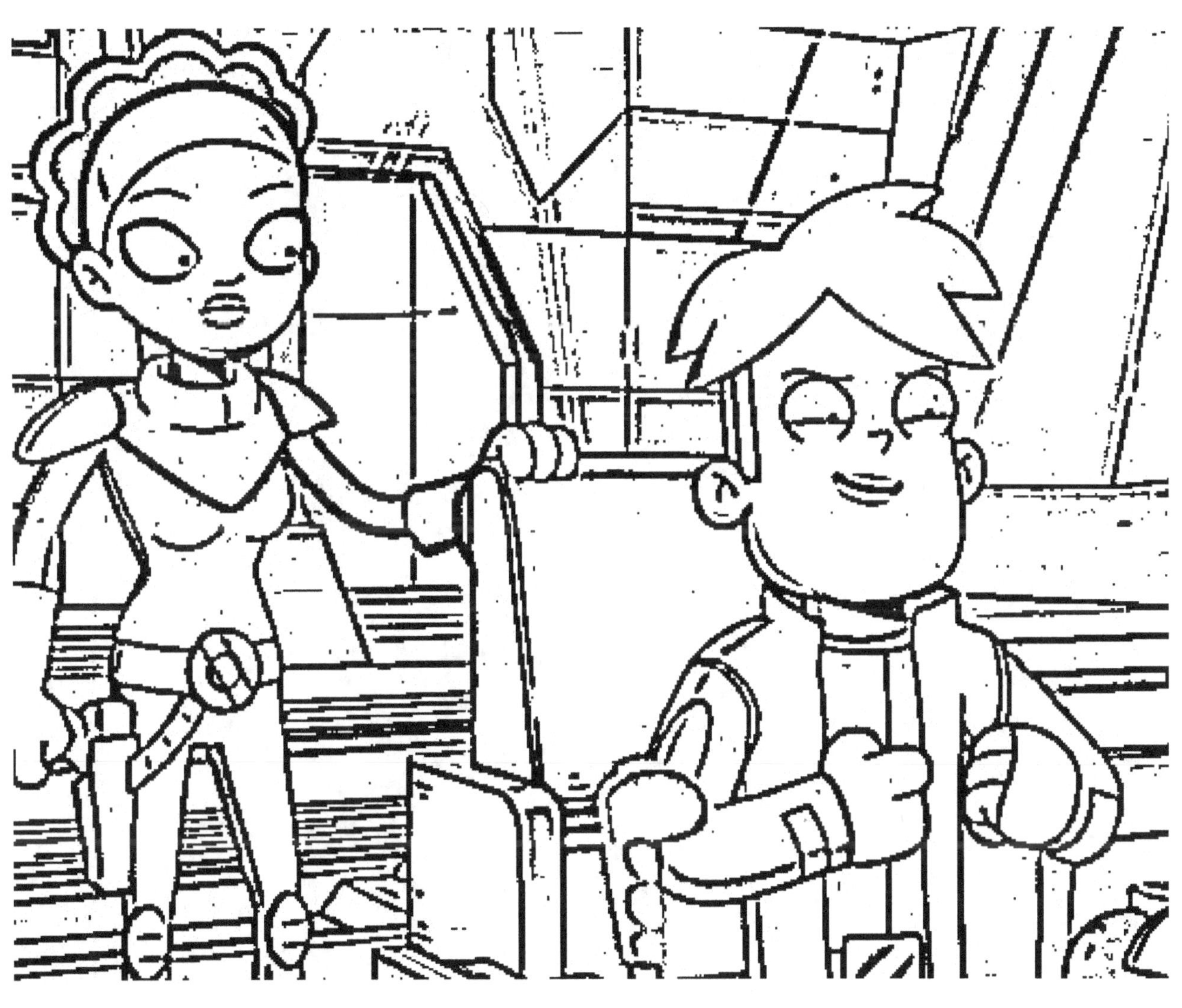

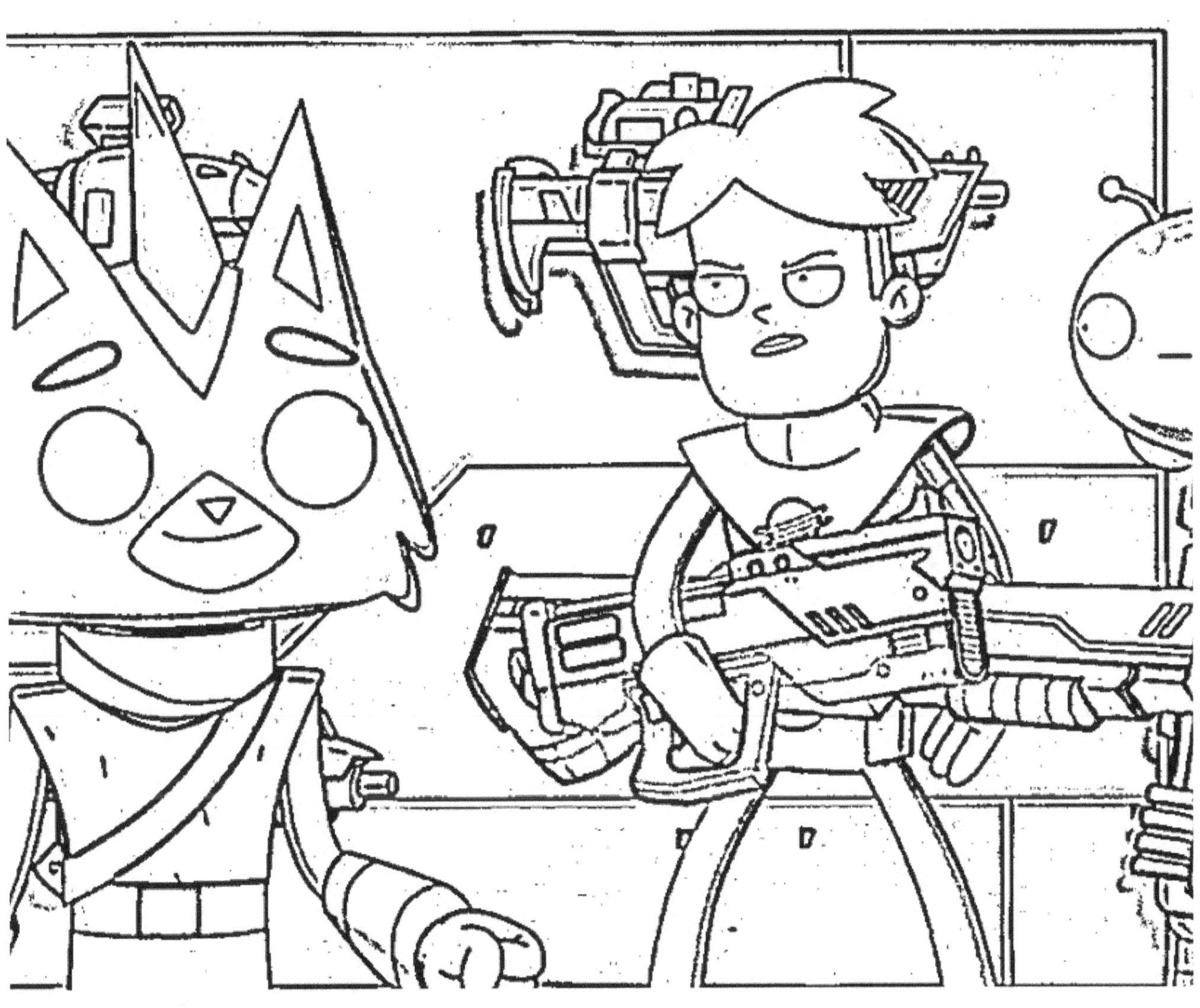

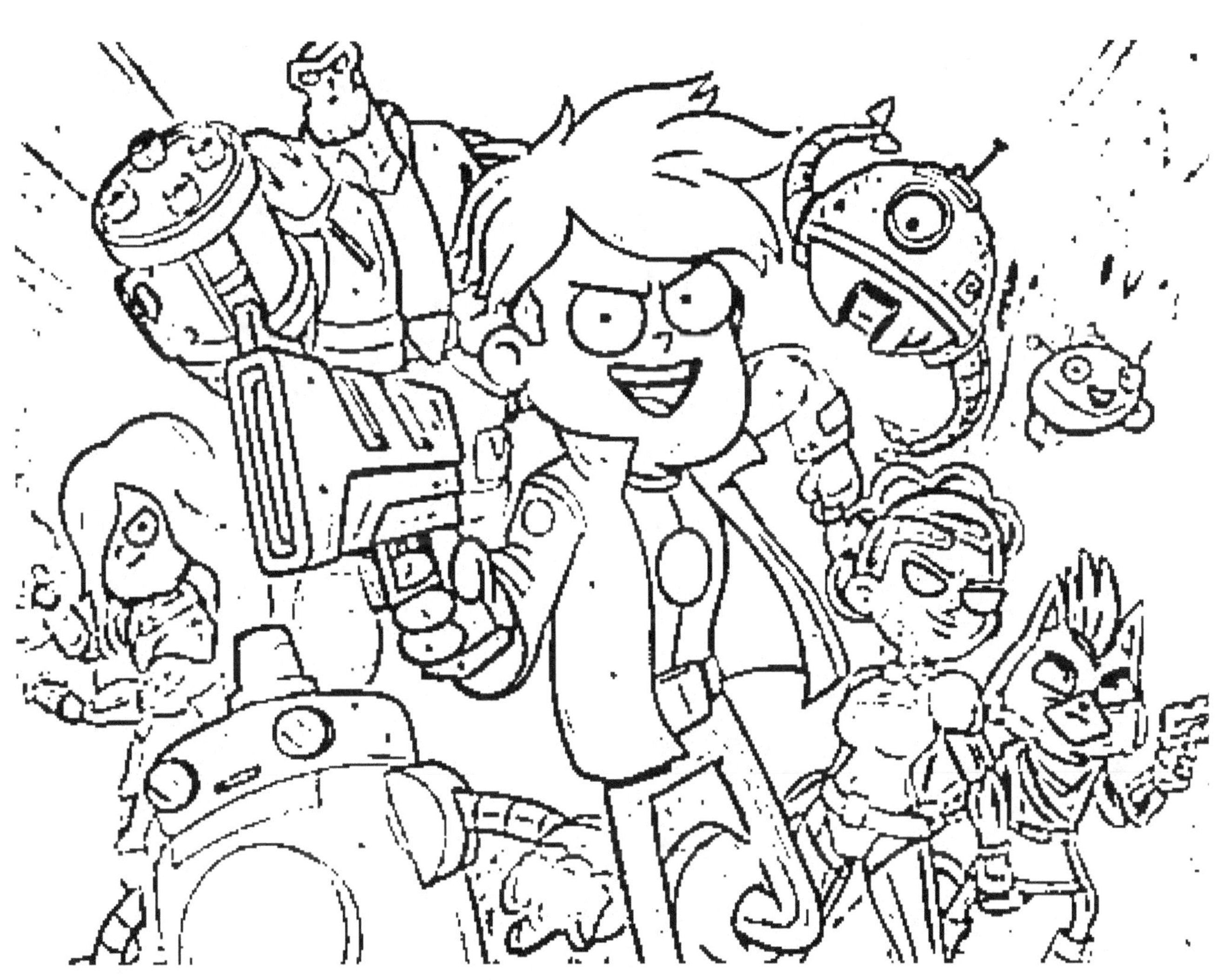

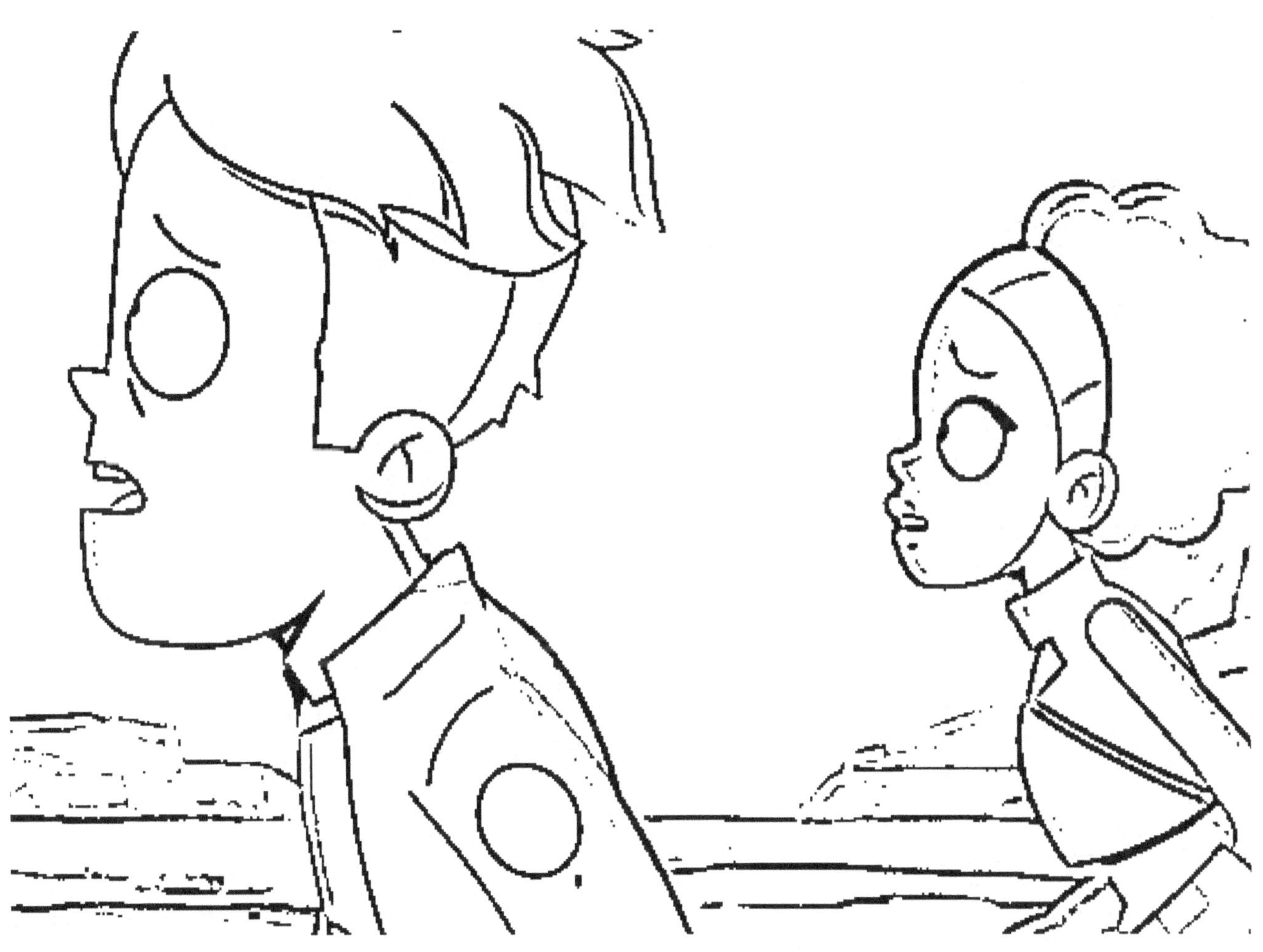

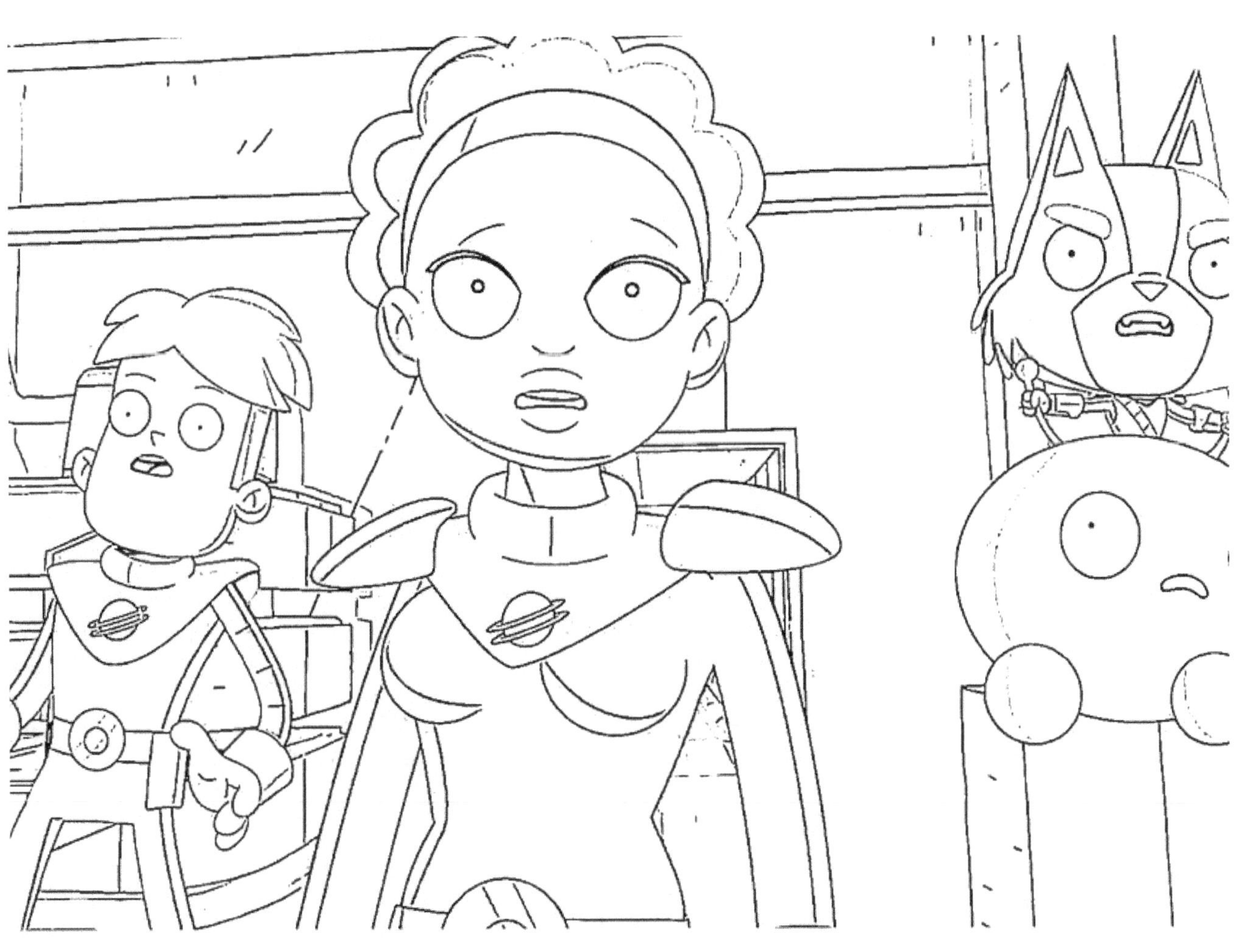

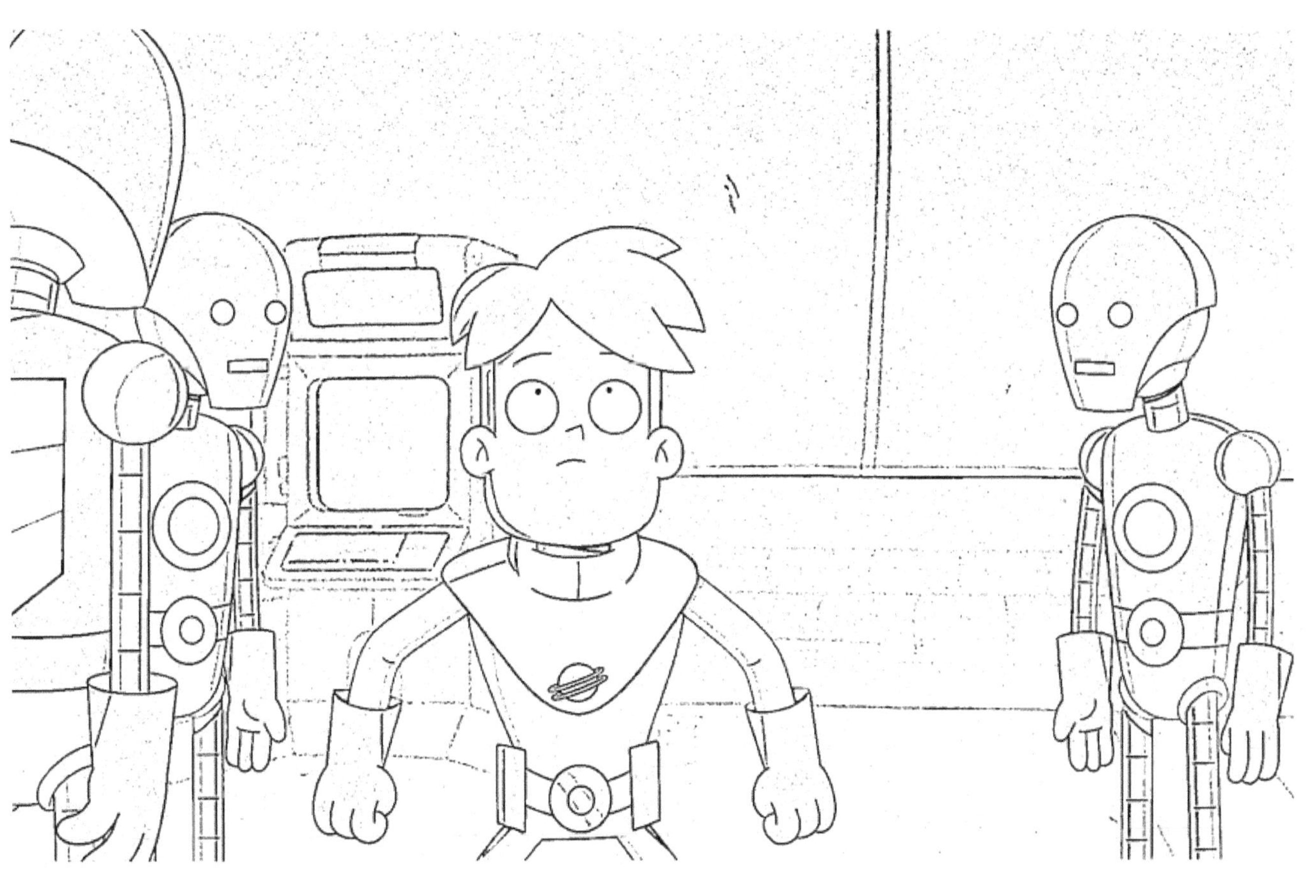

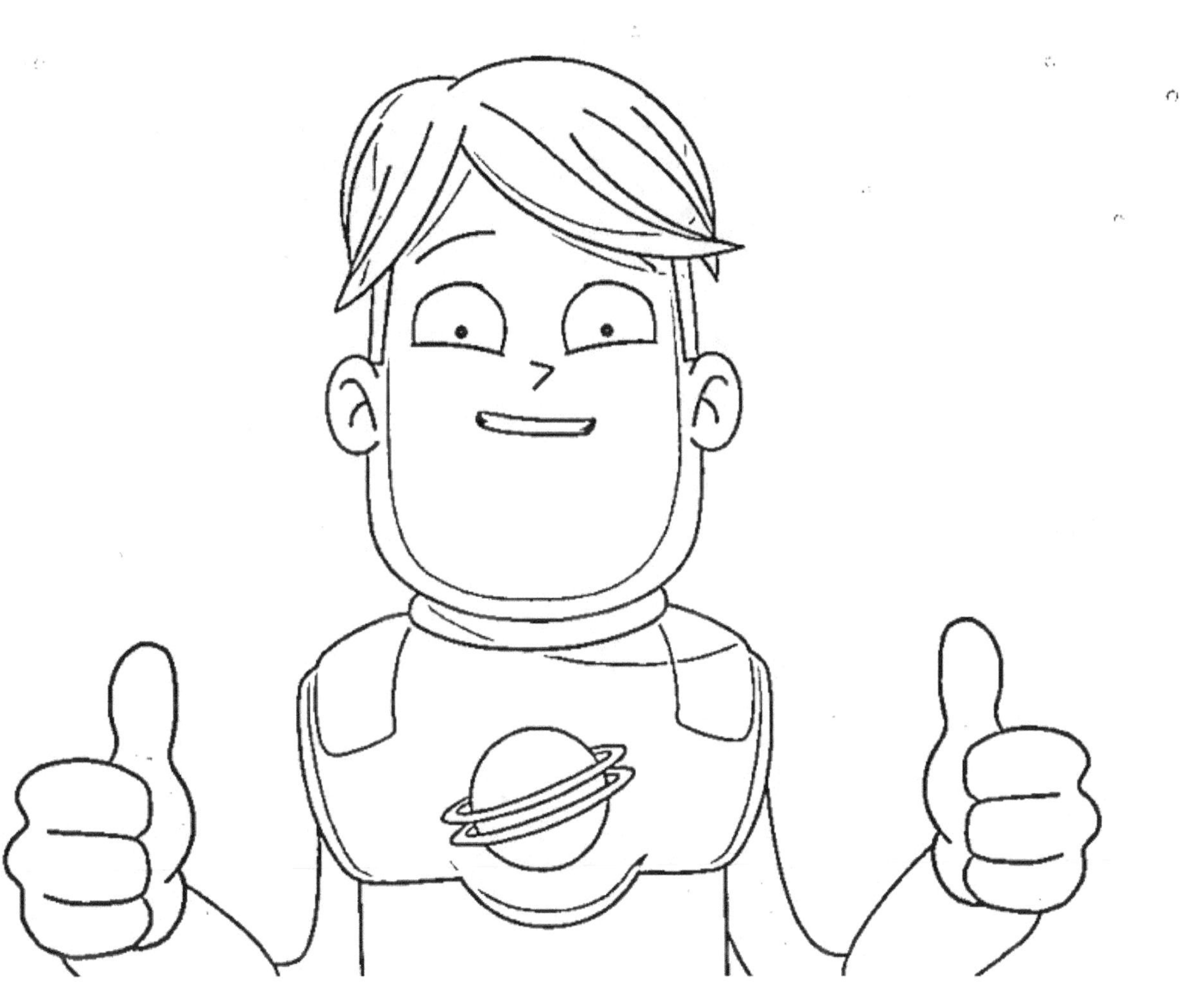

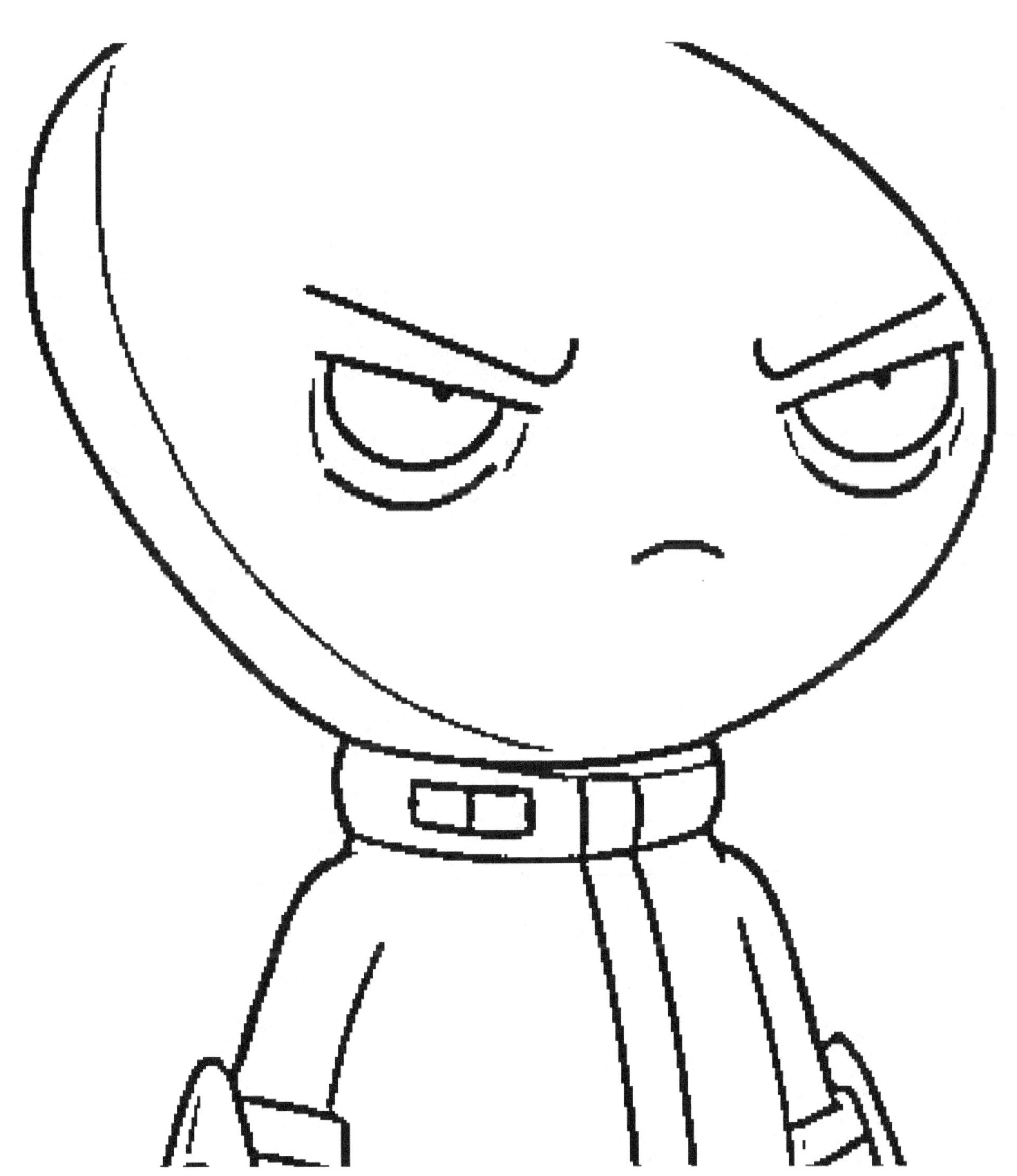

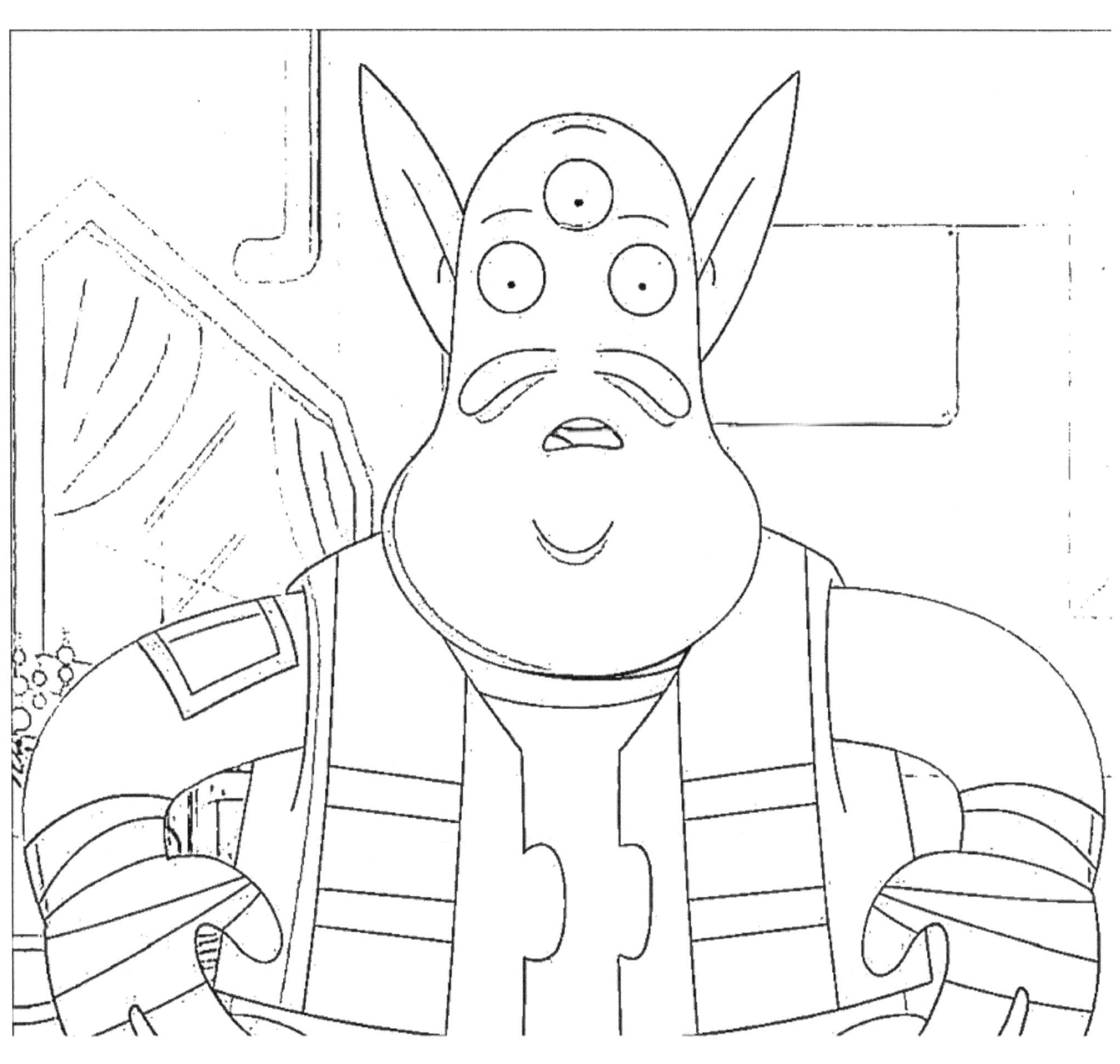

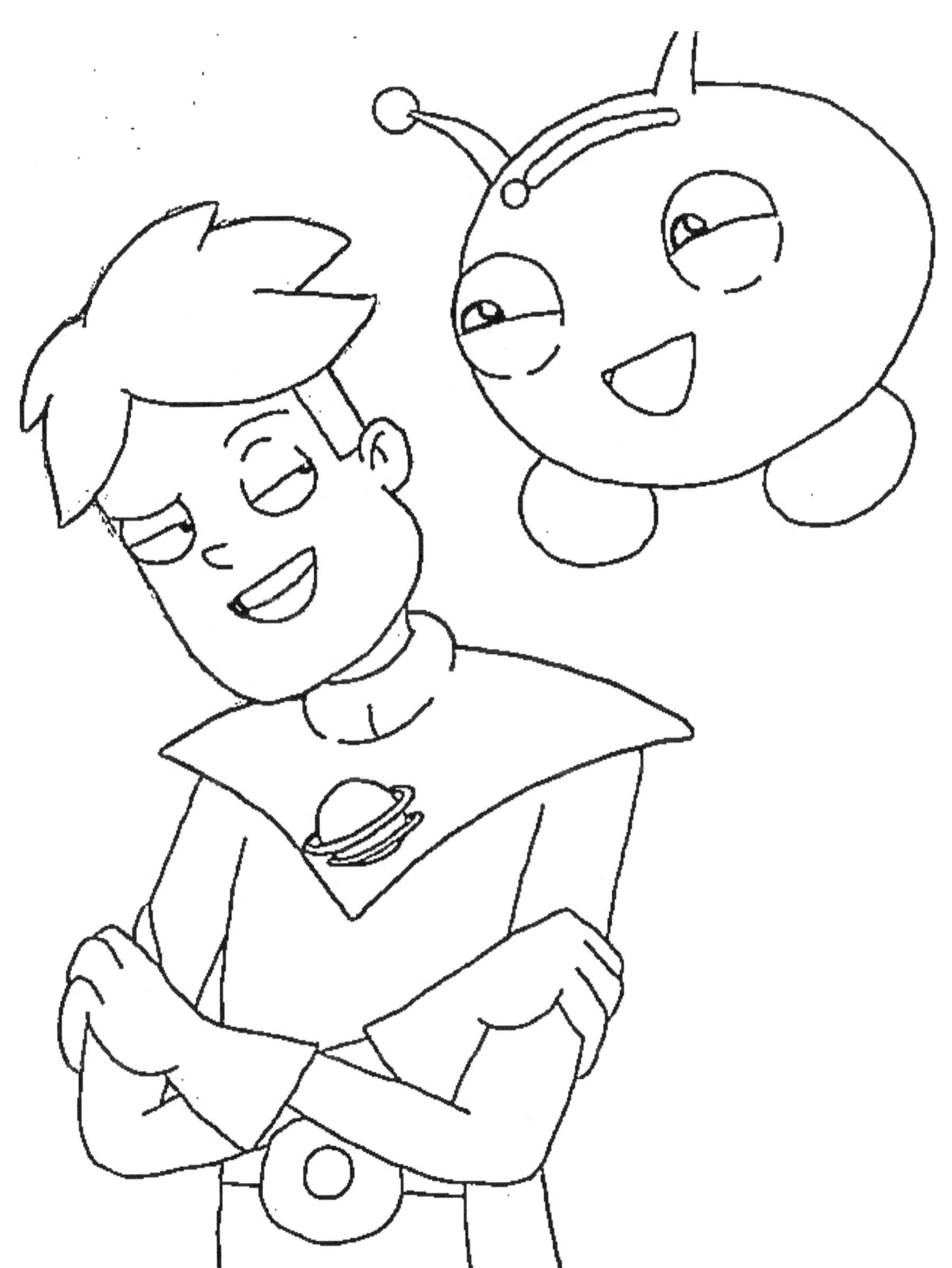

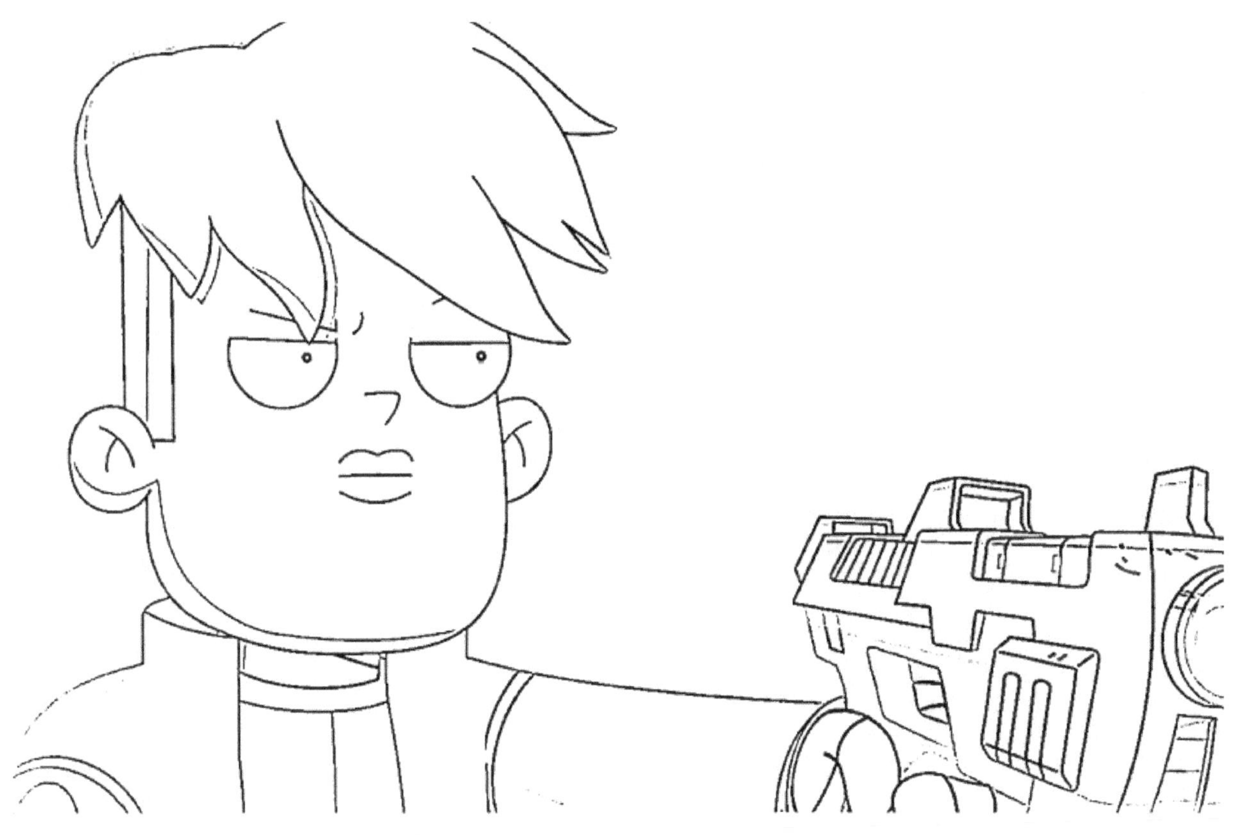

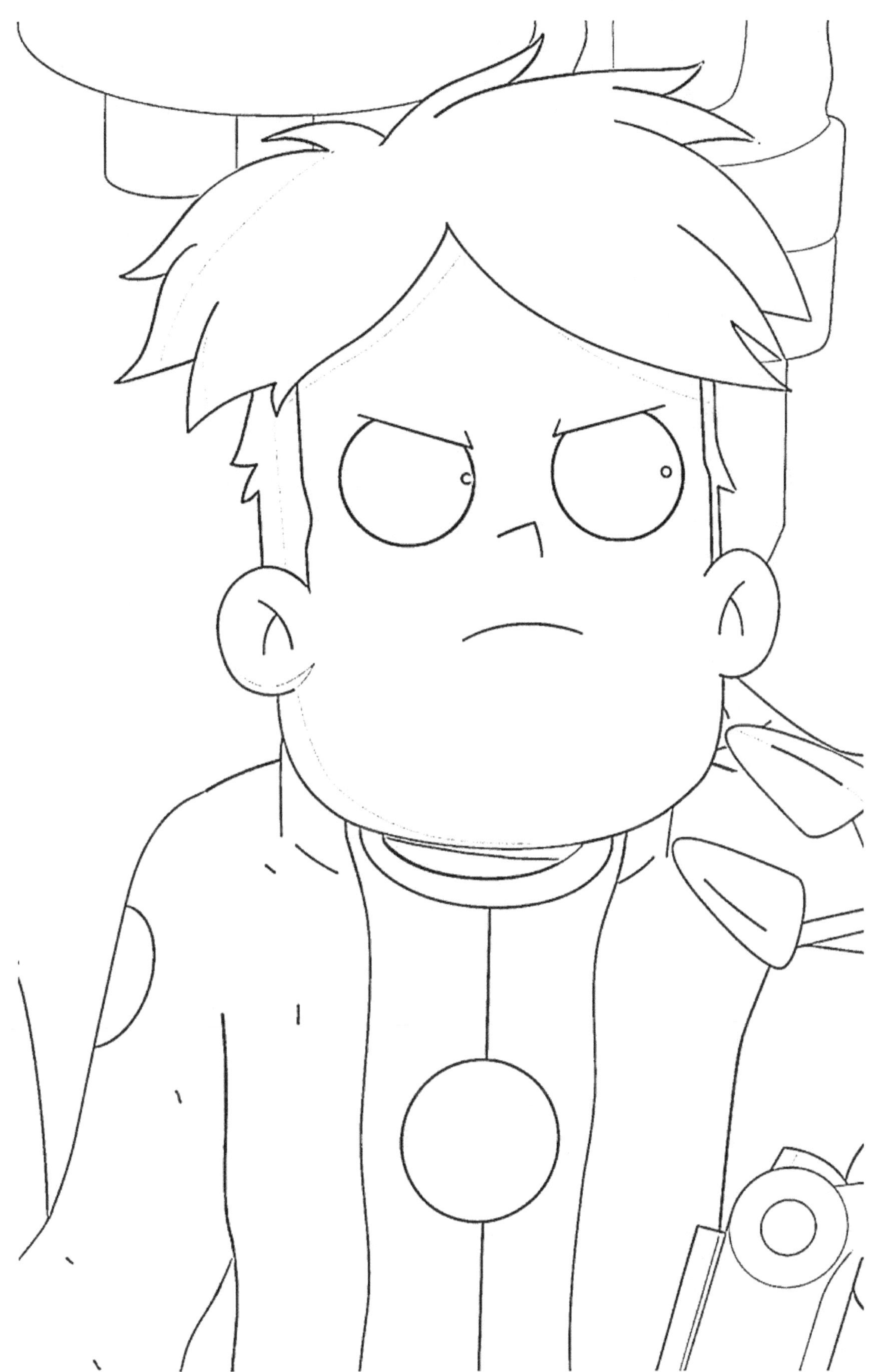

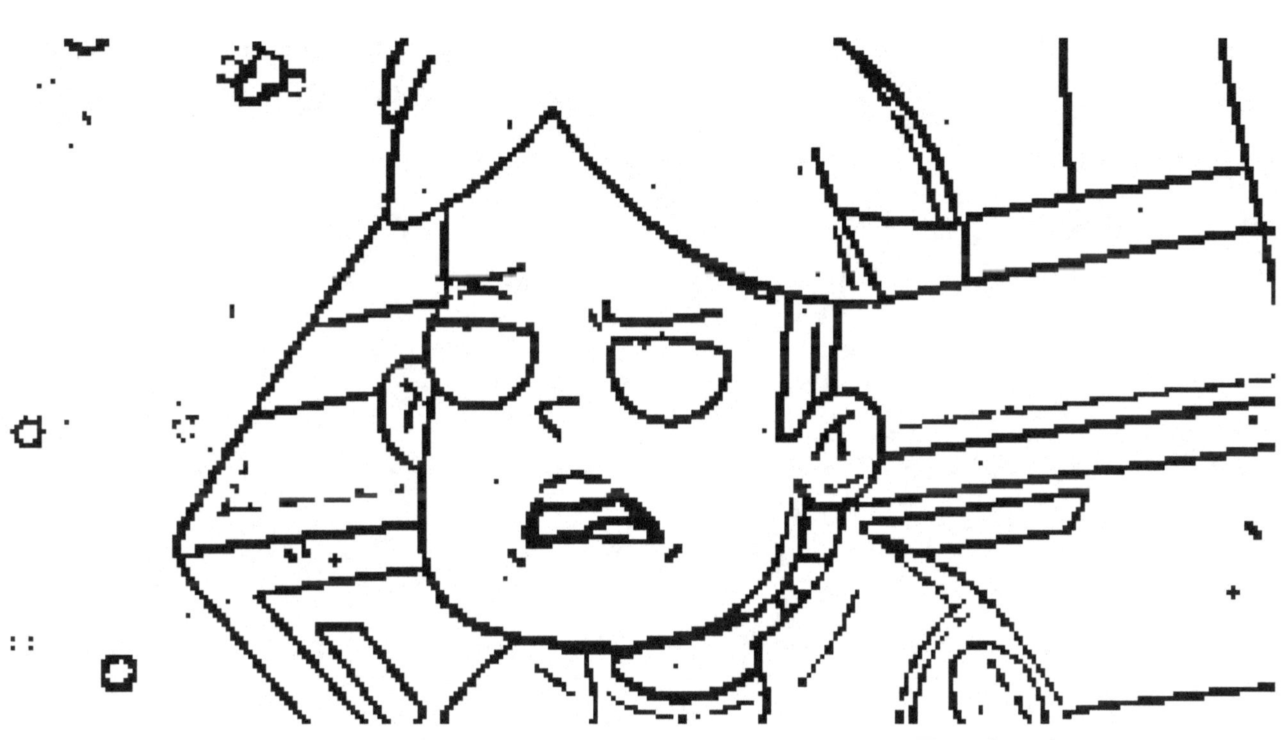

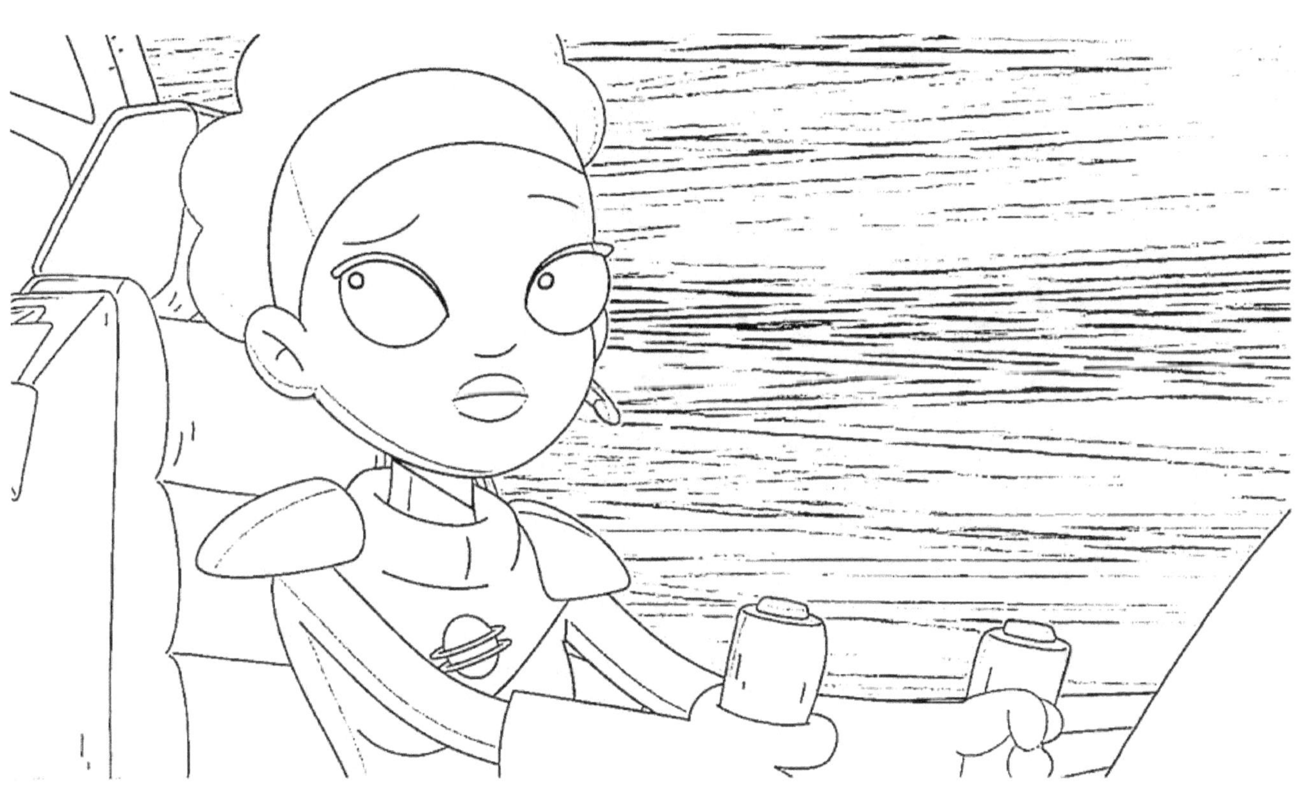

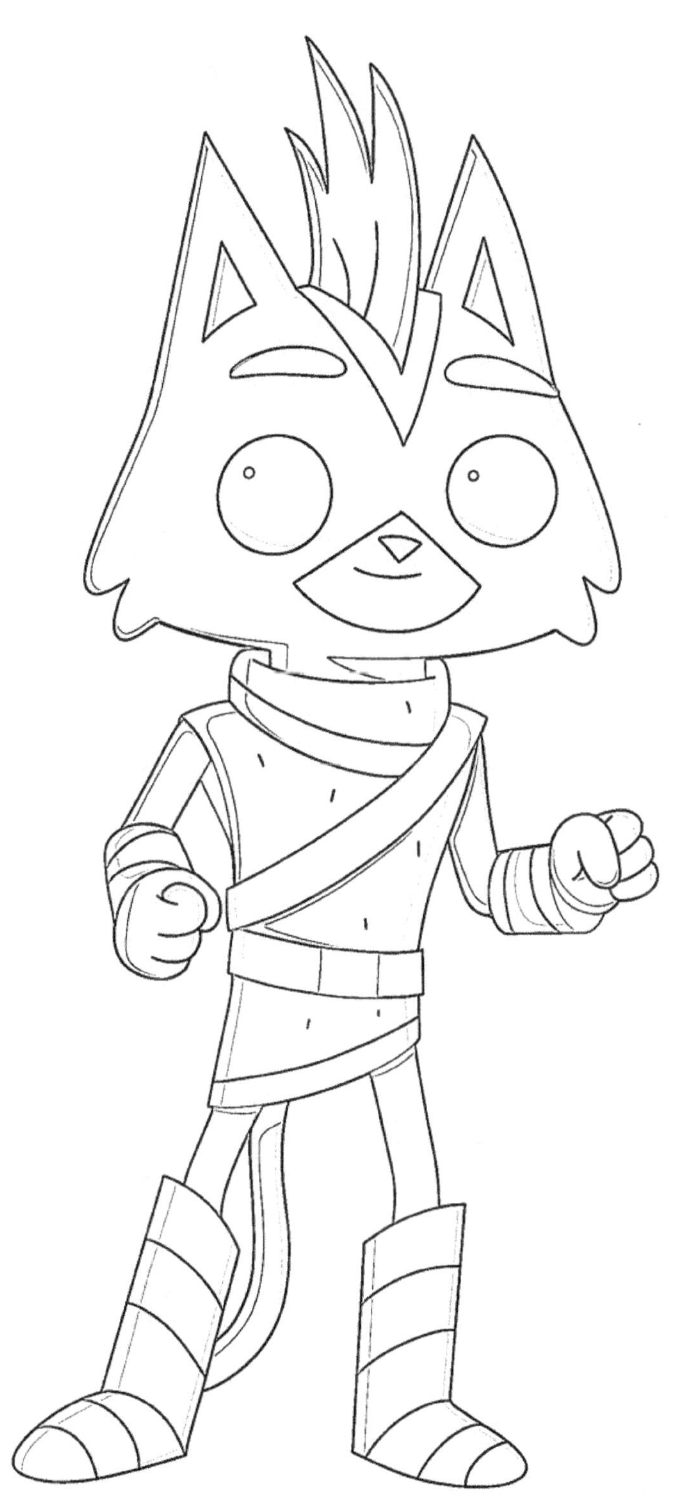

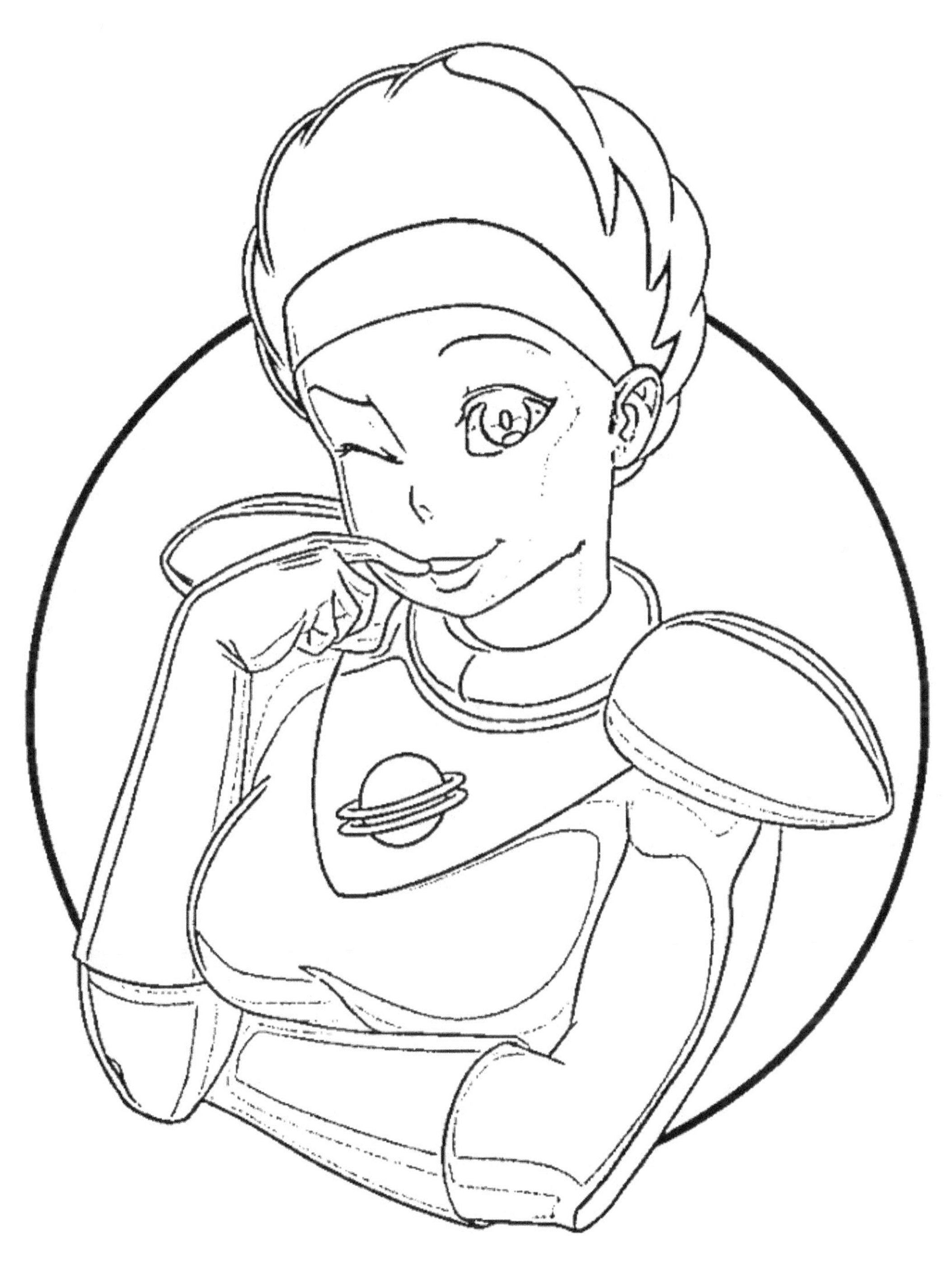

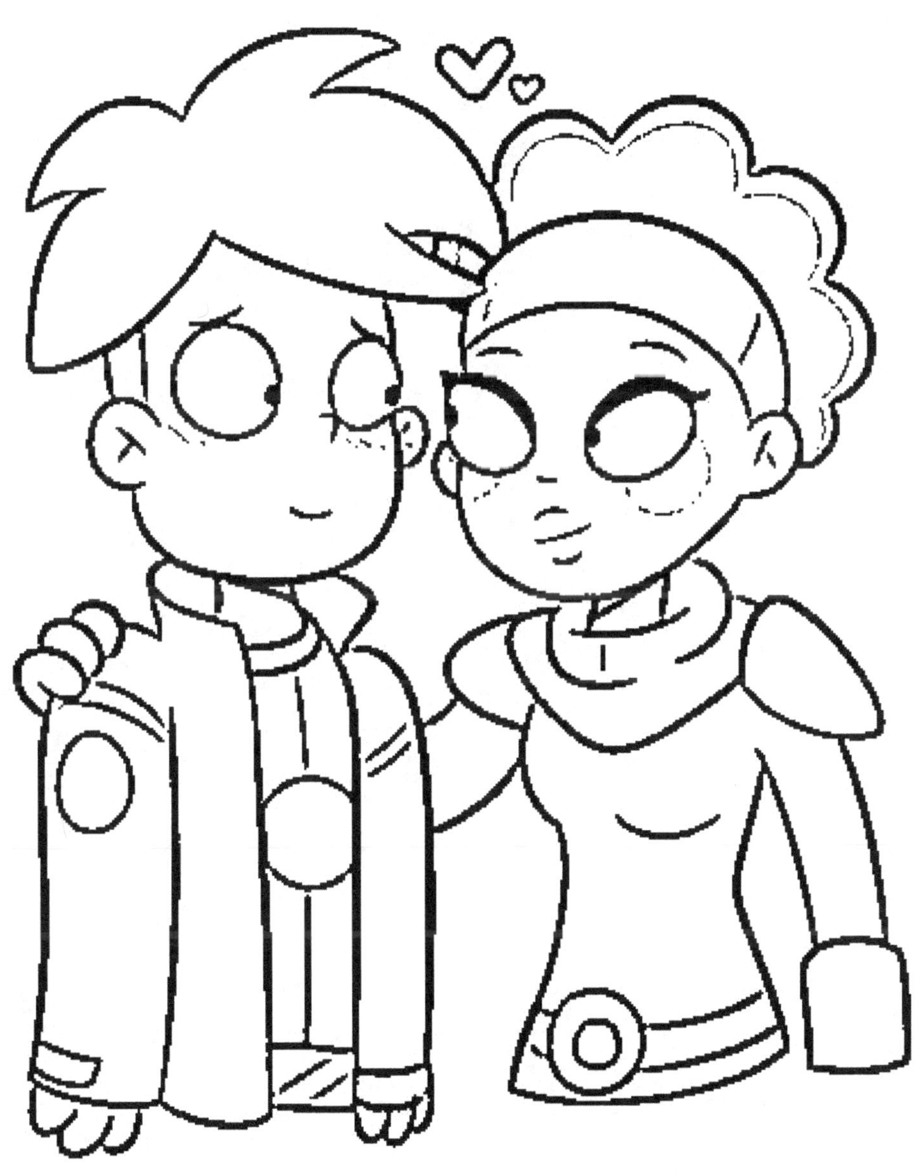

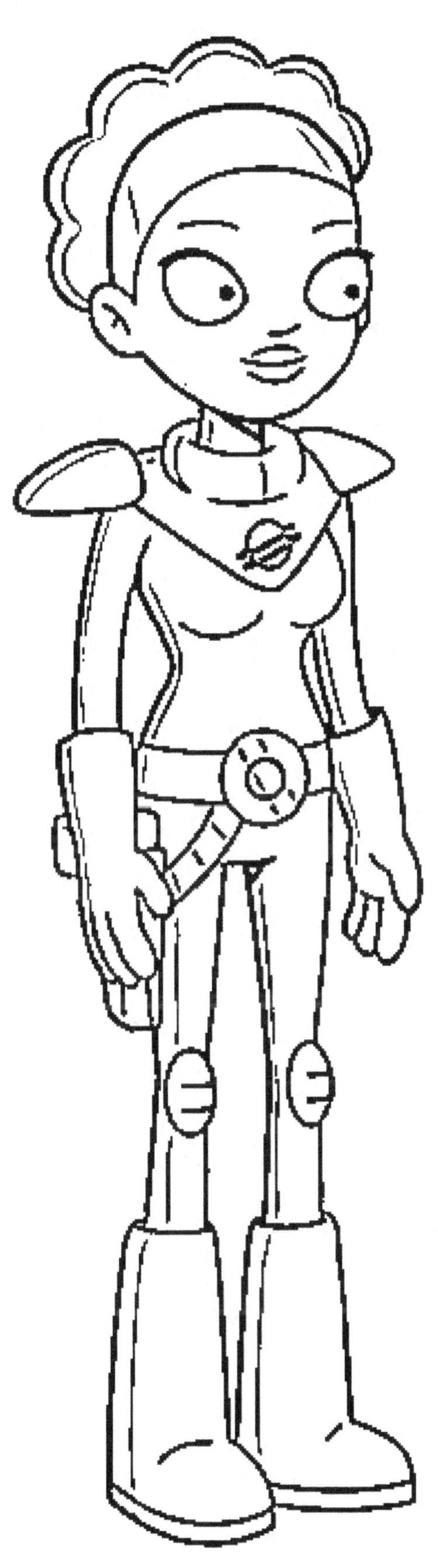

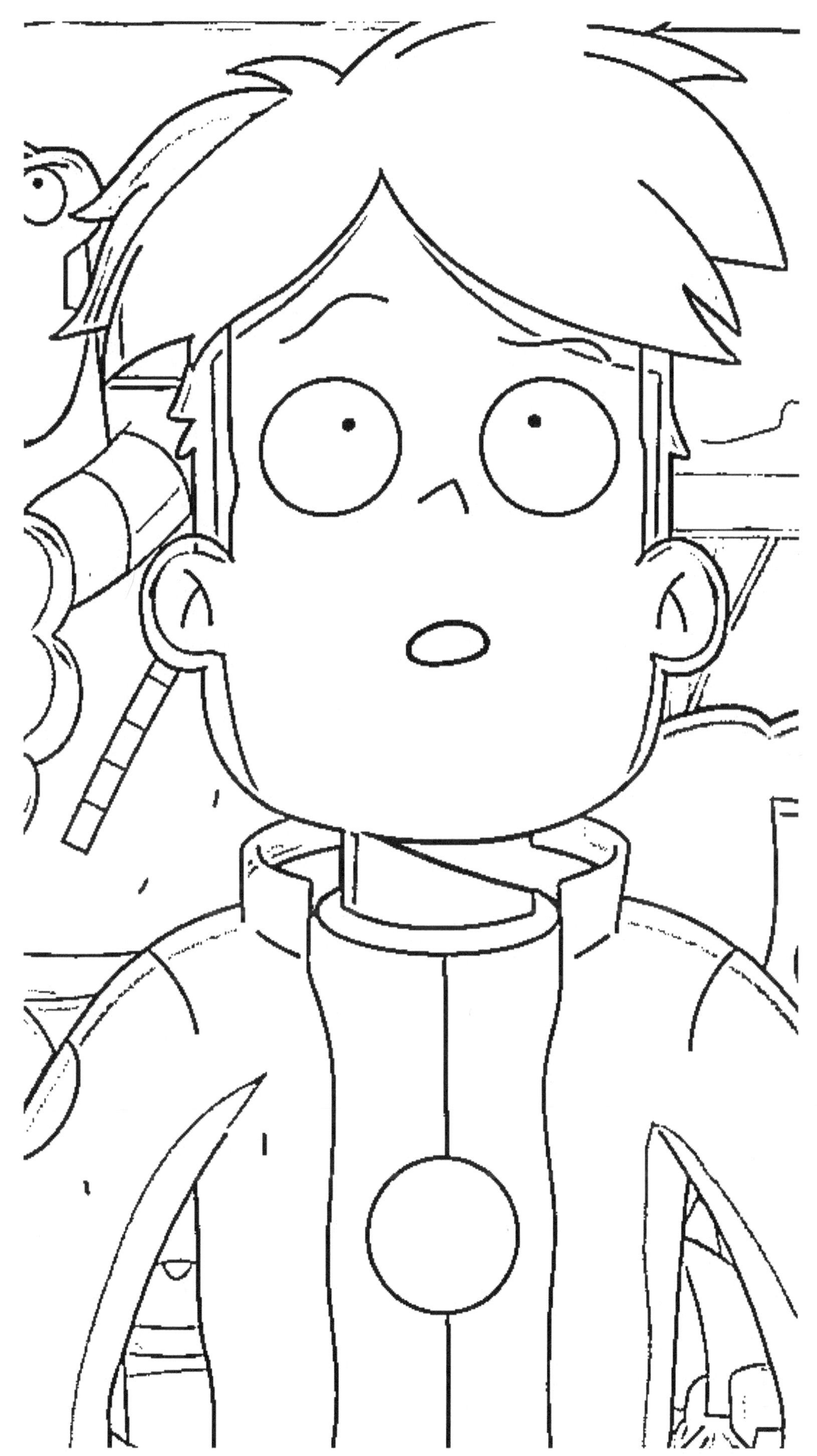

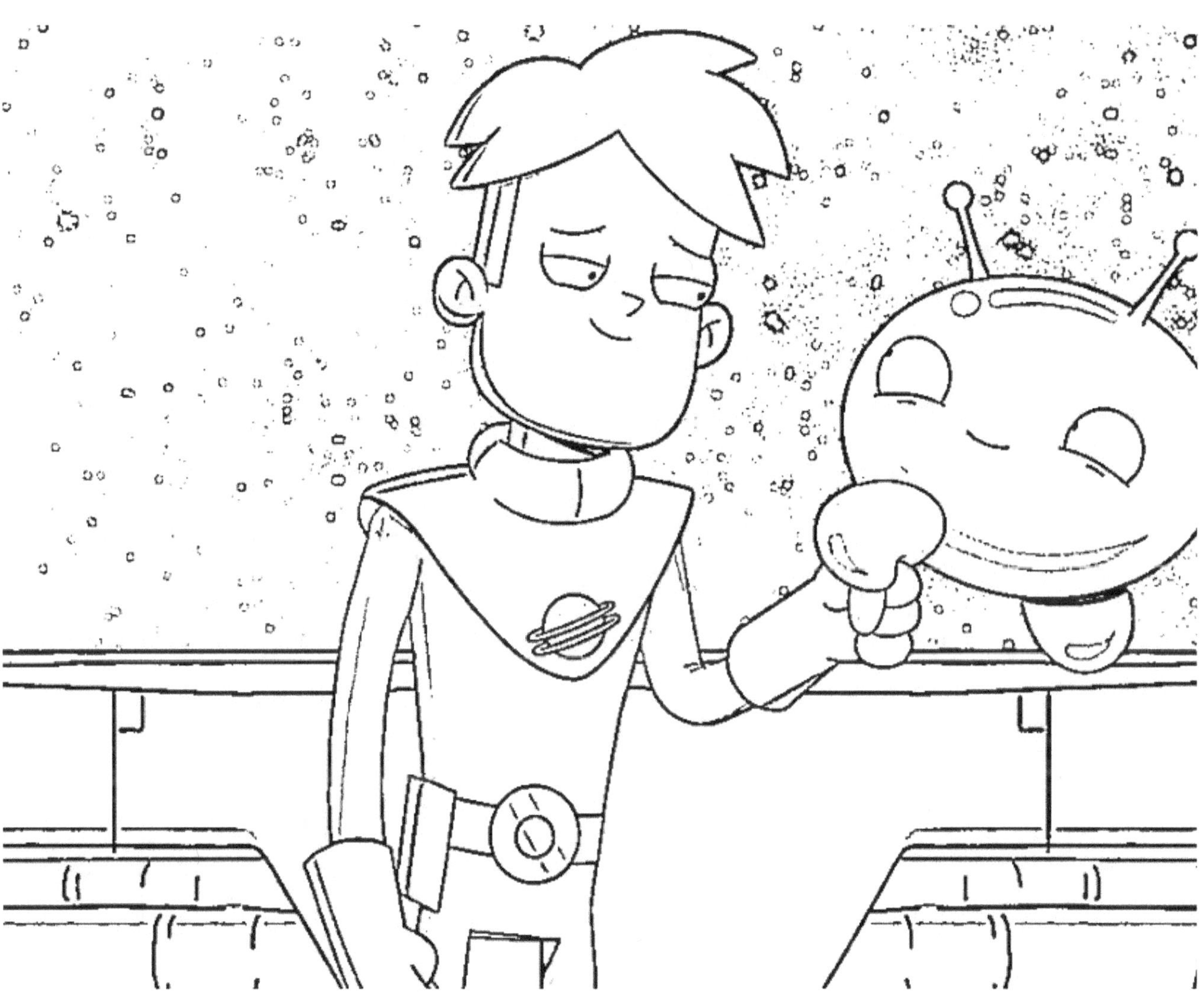

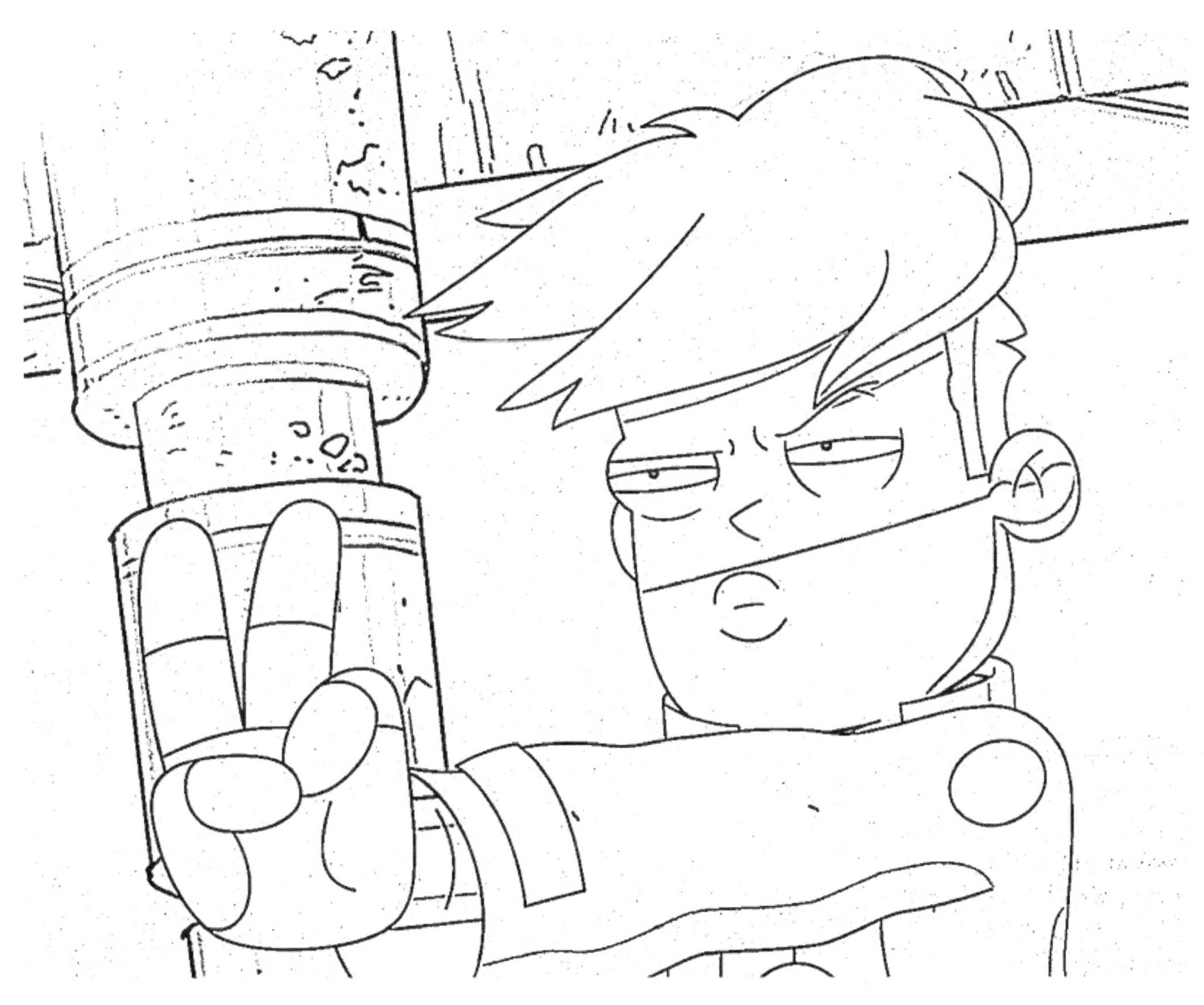

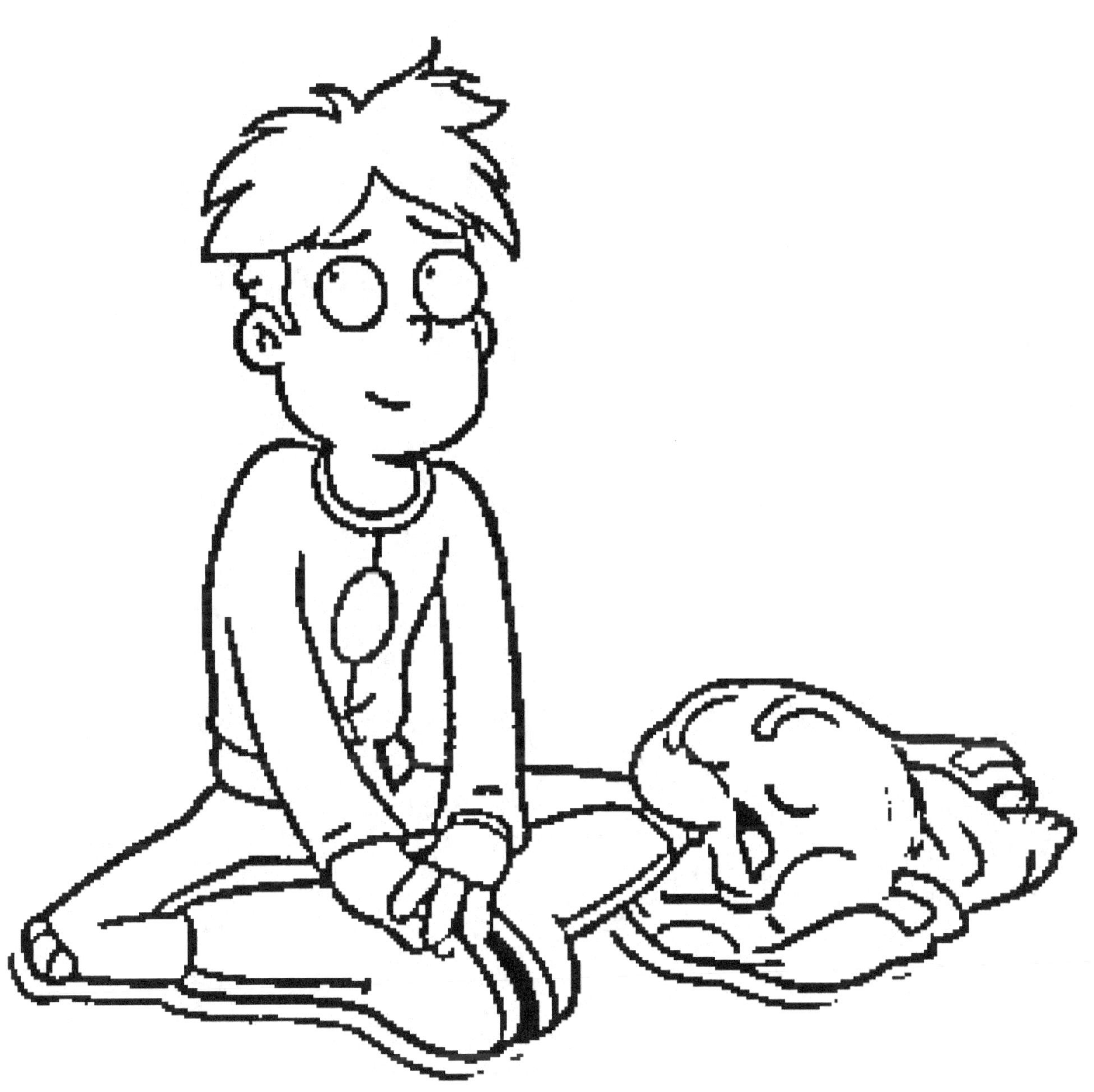

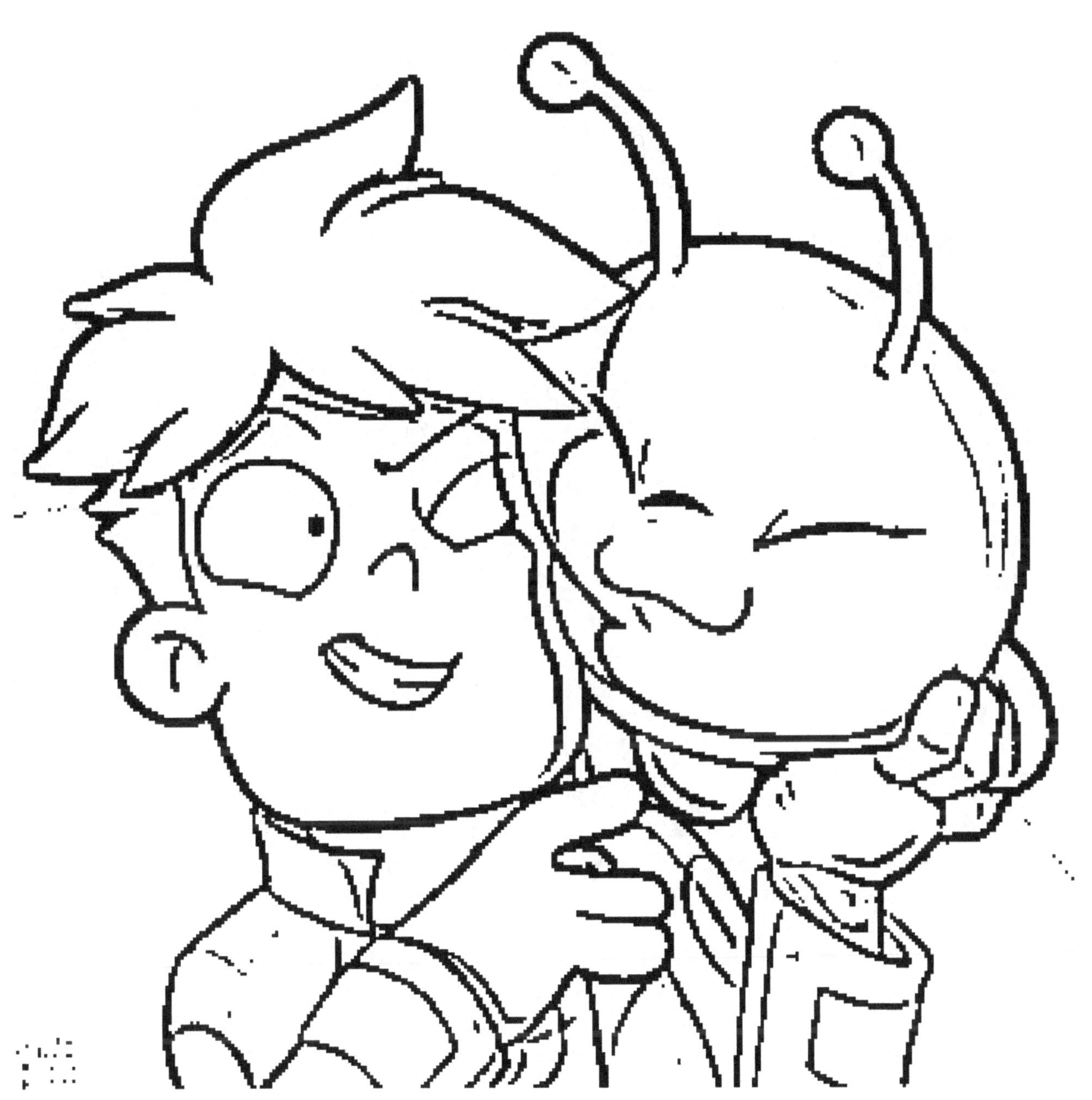

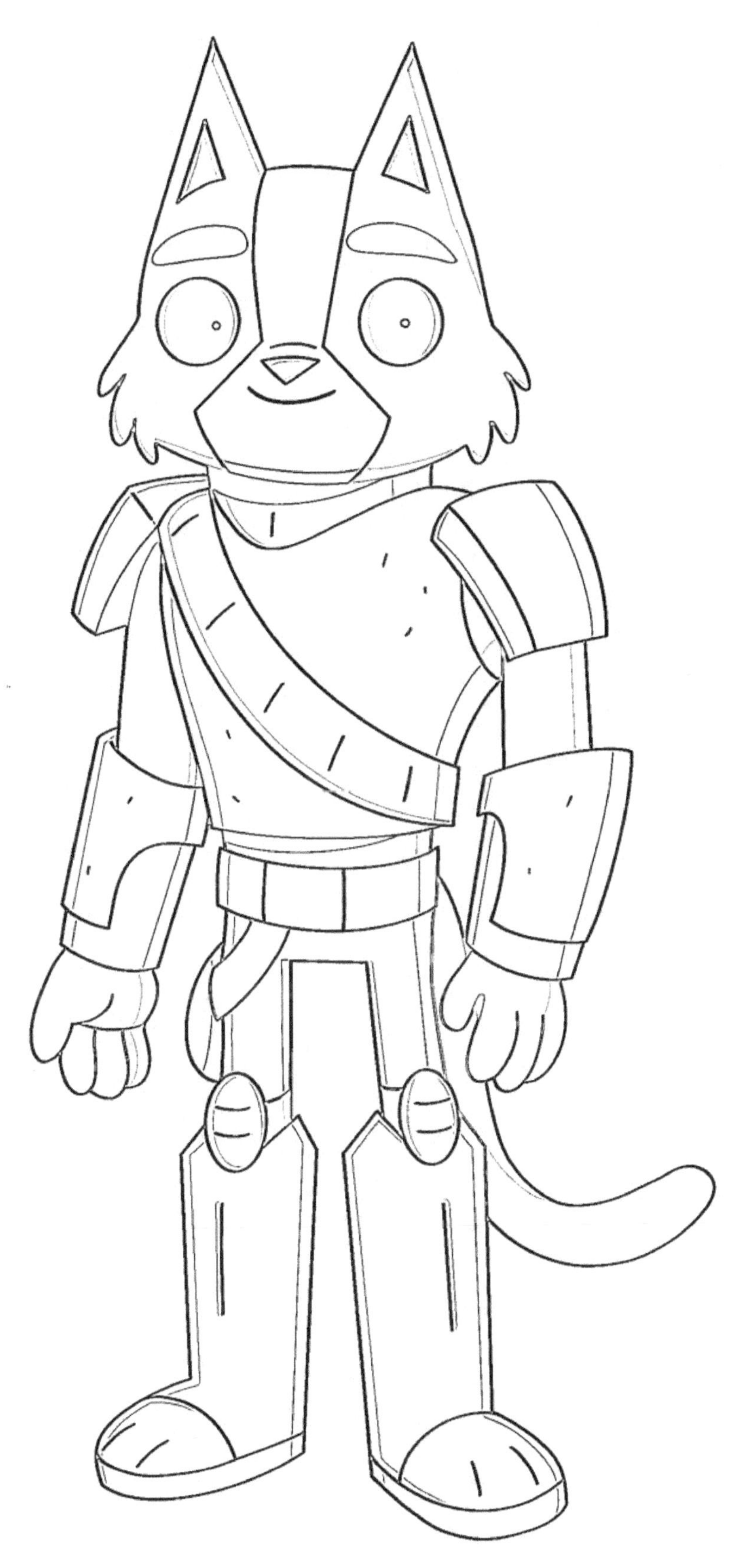

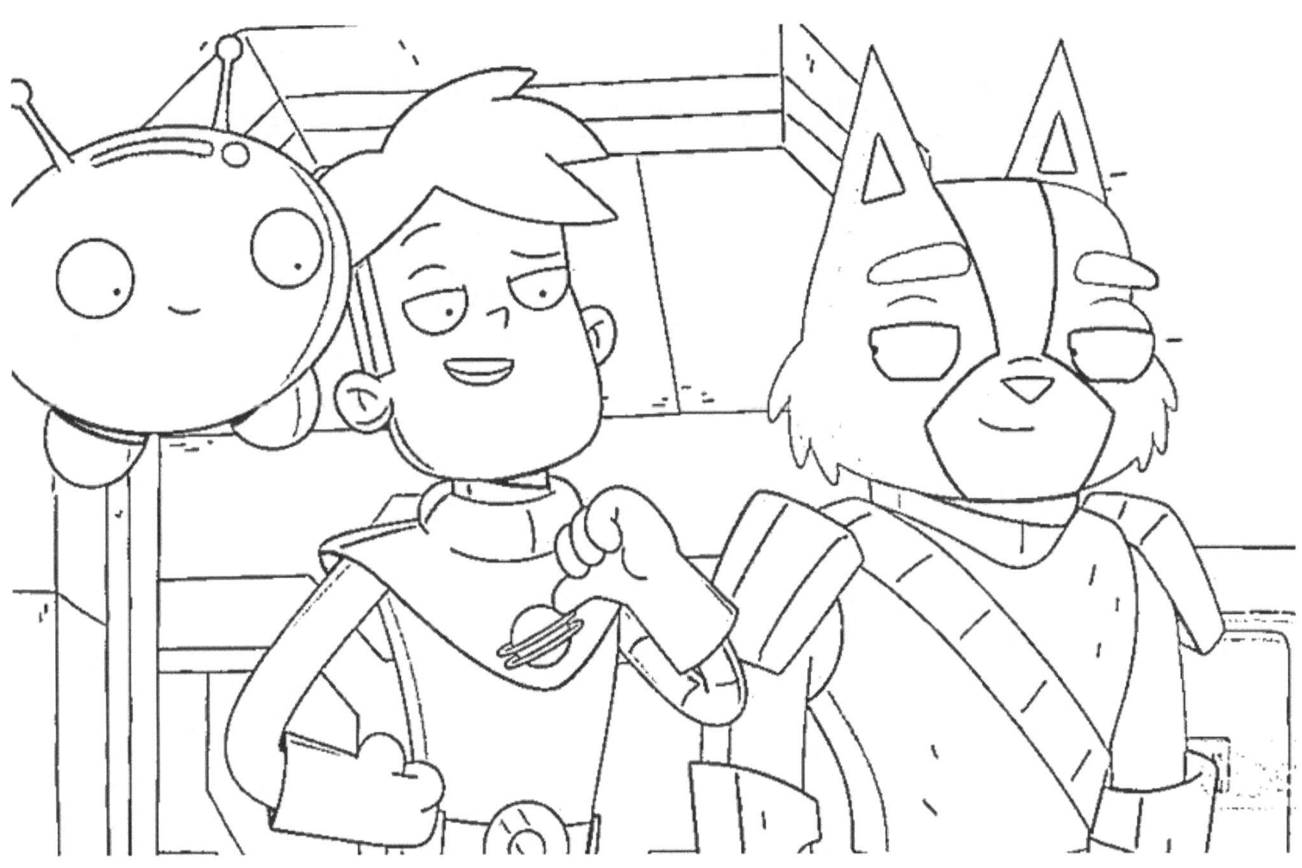

www.ingramcontent.com/pod-product-compliance
Lightning Source LLC
Chambersburg PA
CBHW080849160726
47999CB00009B/3048

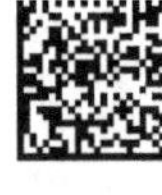

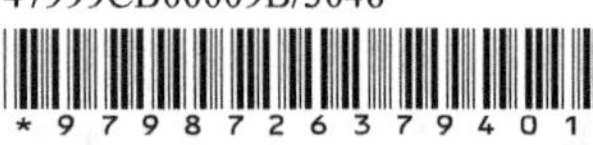